本书得到西南民族大学中央高校基本科研业务费专项资金项目"共同富裕背景下我国人口收入分布动态异质性研究"(2023SQN05)、国家社会科学基金一般项目"教育外溢效应视角下西部农村人力资本可持续增进机制研究"(23BRK006) 的资助。

本书成果属于西南民族大学应用经济学博士培育学科阶段性成果、西南民族大学经济学院"三全育人"综合改革阶段性成果、西南民族大学经济学院一流本科专业建设的阶段性成果。

空间视域下中国人力资本红利及溢出效应

KONGJIAN SHIYU XIA ZHONGGUO RENLI ZIBEN
HONGLI JI YICHU XIAOYING

盛伟 著

人民出版社

序　言 *

　　人口老龄化背景下，我国数量型"人口红利"的逐渐消失使劳动密集型优势减弱、传统要素对于经济增长的驱动力下降。然而，人口结构变化中劳动力质量提高与高素质劳动力占总人口比重上升，以及科技、制度等创新改革举措，将形成质量型的人力资本红利。人力资本红利的形成和扩大，将成为缓解人口数量红利消失对我国经济的不利影响，助力中国经济实现中高速增长、迈向中高端水平的关键。既往中国人力资本对经济增长效应的研究多借助新经济增长理论，侧重从区域自身衡量人力资本的贡献，并未充分考虑人力资本要素的空间分异与可流动性特征，忽略了人力资本对相邻地区经济增长的潜在影响。新经济地理学的发展弥补了这一缺陷，其中心—外围模型的理论假设表明，人力资本聚集能通过规模经济的报酬递增与距离带来的运输成本的交互作用产生空间效应，影响相邻地区经济增长。新地理经济学为人力资本对经济增长作用的机制研究提供了一个新的分析框架，而新经济地理学与新经济增长理论如何在理论上融合，需要进一步研究。基于以上理论发展背景与我国经济增长的现实背景，探讨如

　　* 本书得到西南民族大学中央高校基本科研业务费专项资金项目"共同富裕背景下我国人口收入分布动态异质性研究"（2023SQN05）的资助。

何在人口数量红利即将消逝之际挖掘人口质量红利，实现数量型"人口红利"向质量型"人力资本红利"的动力转换，以及优化我国各区域间人力资本的空间分布，通过人力资本聚集的空间溢出效应形成和扩大人力资本红利，并实现人力资本生产性与福利性的统一平衡，对于推动我国经济社会持续高质量发展具有重要意义。

在一个国家或地区人力资本规模既定情况下改变他们的空间分布，通过人力资本流动与集聚的规模经济与溢出效应对经济增长产生带动作用，在这个意义上，新经济地理学和新经济增长理论是可以打通的。本书融合新经济地理学与新经济增长理论，第一，界定并区分了人力资本红利相关概念，阐述了人力资本红利及其空间溢出效应形成的基础理论，包括人力资本理论、人口转变理论和新经济地理学"中心—外围"理论。第二，基于我国人口数量红利向人力资本红利的转变历程进行文献梳理，包括人口数量红利期限、人口转变与人力资本积累、人力资本与经济增长、人力资本对经济增长的空间溢出效应等方面内容。第三，借助地理信息系统（GIS）及空间探索性分析方法（ESDA）描绘了空间视域下各地区人口转变、人力资本的空间分布及关联性特征。第四，基于人口转变、理性预期理论构建人口数量红利与人力资本红利的内在逻辑和演化路径，并基于新经济地理学"中心—外围"理论分析了人力资本红利的空间溢出机制及变化规律。第五，将人口数量红利与人力资本红利纳入同一框架，并将人力资本红利分解为教育和健康两部分，基于我国城市面板数据研究人口数量红利与异质性人力资本对于我国区域经济增长的影响差异。同时，将空间概念和异质性人力资本引入经济增长拓展模型，并分别将地理距离与经济距离权重矩阵纳入模型，基于市域间间隔距离的变动规律，估算我国人力资本空间效应在不同经济聚集范围或市场边界范围时的变化趋势。融合 2012—2016 年中国劳动力动态调查（CLDS）微观样本与宏观地级市层面的面板数据，采用多层次空间计量模型考察地区人力资本对劳动者增收和就业的时间—空间效应，综合考量人力资本对我国劳动力市场所形成的红利效应。最后，针对性地提出空间视域下人力资本红利的开发策略与引导机制。

从空间相关性看，我国教育人力资本和健康人力资本在空间上均表现出相似地区相互聚集的态势，呈现高—高聚集或低—低聚集特征；与经济发展相关联，地区人均 GDP 与周边地区教育人力资本发展水平呈现空间正相关性，而地区人均 GDP 与周边地区健康人力资本发展水平在期初呈现空间正相关性，在期末呈现空间负相关特征。进一步通过人力资本空间溢出效应模型测度人力资本对经济增长的空间效应发现：我国人力资本红利将能缓解逐渐消失的人口数量红利。从空间维度看，全域空间上人口数量红利和健康人力资本对经济增长呈现显著的空间虹吸效应，教育人力资本对经济增长呈现空间扩散效应；局域空间上，基于不同距离门槛值的估计结果表明，随着地区间空间壁垒的逐渐削弱或人力资本潜力的逐渐提升，地区间人力资本对经济增长的边际作用将会逐渐增强。结论表明，经济增长中的人口数量红利终将演化成为人力资本红利。就业人口和健康人力资本分布的不均衡性会扩大市域间经济增长差距；地区教育水平提升将一定程度促进周边地区经济增长，合理利用教育人力资本的空间扩散效应将能缩小地区间经济增长差距。此外，削弱市域间空间壁垒促进市场一体化水平提升，将是扩大我国人力资本红利效应的有效途径。

　　进一步地，综合考察人力资本红利的时间—空间效应发现，全域空间上，地区劳动者工资收入水平会受到周边地区教育人力资本空间扩散效应的推动，但是这种效应会随着时间推移逐渐消失；同时，地区劳动者工资收入提升会受到周边地区健康人力资本空间虹吸效应的制约，然而这种效应随着时间推移才会凸显并呈现逐渐增强态势。局域时间—空间效应估计结果显示，仿真模拟我国城市间市场壁垒逐渐被削弱，即各城市所涵盖的教育和健康人力资本潜力更大时，其对劳动者工资收入的空间溢出效应也随之增强。分组估计发现：（1）基于劳动者个体而言，健康人力资本提升将能显著缩小性别、户籍以及技能工资差距，教育人力资本提升会缩小性别工资差距，但加大了户籍、技能工资差距。（2）空间维度上，教育人力资本的空间扩散效应将更有益于城市、高技能劳动者收入水平的增长。健康人力资本对劳动者个体的空间虹吸效应具有时滞性，长期而言对农村、女性、低技能劳动力群体收入的边际效应更大。基于区域差异的估计结论表明：（1）个人层面的教育和健康提升对中西部地区劳动者个体的工资增收的边际作用更大，能够缩小与东部地区的工资差距。（2）地区教育人力资本对劳动者工资增收作用在中西部地区更为显著；中西部地区劳动者受到周边地区教育人力资本的空间扩散效应更高，同时中西部劳动者受到周边地区健康人力资本的空间虹吸效应也更大。基于人力资本就业红利的时间—空间效应分析发现：全域空间上邻近地区教育人力资本能够通过空间扩散效应增加本地区的就业水平，但这一现象会随着时间的推移逐渐消失，并最终增加本地区的就业压力，而且在东部地区更为显著。对于地区健康人力资本而言，邻近地区医疗健康水平提升在长期将能显著降低本地区的失业水平，提升劳动力市场整体就业水平。局域空间上仍然显示出随着空间壁垒的逐渐减弱、市场一体化水平的逐步提升，人力资本红利呈现的空间效应也将逐渐增加的趋势。

根据以上结论，本书首先从人力资本投资效率以及人力资本的空间关联性开发策略等方面做了相关政策研究，如建立地区之间良好秩序与合作关系，使教育人力资本的空间扩散效应具有可持续性，实现地区之间的激励相容，以内化人力资本空间效应的外部性特征。推动健康人力资本公共投资，在地区之间选择均等化的健康投资策略，向健康资源不足地区适度倾斜，弱化健康人力资本的空间虹吸效应。同时应注重人力资本区域关联性发展策略，如较发达的东部地区不应局限于邻接地区间的协同发展，要注重向具有更大边际效应的中西部地区扩展，提升教育和健康人力资本对我国经济增长的边际贡献。其次，注重劳动力就业引导机制的构建，积极开发健康老年人力资本红利，提升女性劳动参与率，创建公平的劳动力市场就业环境。最后，在改善人力资本空间流动机制方面，提出建立无内部边界的空间机制，改善劳动力市场分割，促进劳动力市场一体化，达到公平竞争、开放有序，改善人力资本流动的外部引导机制，促进人力资本流动均衡长期化，扩大人力资本红利。

目　录

第一章　绪论

第一节　研究背景

中国经济已经进入由"高速增长"转向"中高速增长"的新常态时期，传统的经济增长动力发生了深刻变化。其中，人口出现老龄化趋势，特别是实际参与经济活动的劳动力人数下降，被认为是影响我国经济增长的重要因素。国家统计局数据显示，我国15—64岁劳动人口数量从2013年开始由增长转为下降，从人口结构变化的长远趋势看，未来我国老龄人口占比还将持续扩大，工作年龄人口占比持续下降（刘晓光、刘元春，2017；任远，2017）。为解决日益凸显的人口结构失衡问题，也为保持经济的稳定增长，我国政府密集调整了人口和计划生育政策，2016年1月开始实施"全面二孩"政策；此外，在人口老龄化背景下，我国一直在探索推行延迟退休年龄政策。其实，生育率下降、劳动年龄人口减少、人口老龄化等都是社会发展的必然结果，因此，数量型"人口红利"的逐渐消失使劳动密集型优势减弱、传统要素对于经济增长的驱动力下降，是新常态时期中国经济发展的阶段性特征。而人口结构的变化中劳动力质量的提高与高素质劳动力占总人口比重的上升，以及科技、制度等创新改革举措，将进一步形成质量型的人力资本红利（张同斌，2016；杨成钢、闫东东，2017）。人力资本红利的形成和扩大，将成为缓解人口数量红利消失对我国经济的不利影响，助力中国经济实现中高速增长、迈向中高端水平的关键。

既往中国人力资本对经济增长效应的研究多借助新经济增长理论，将人力资本涵盖到广义资本的概念框架中，诠释了人力资本外部性引致的经济增长模式，即人力资本聚集的外部效应能够通过提高区域行业生产效率的方式提升经济增长速度。然而，仅从区域自身衡量人力资本的贡献，只考察了人力资本聚集在特定区域内或行业间的外溢作用，并未充分考虑人力资本要素的空间分异与可流动性特征，忽略了人力资本对相邻地区经济增长的潜在影响。新经济地理学（New Economic Geography）的发展弥补了这一缺陷，其中心—外围（Core-Periphery）模型的理论假设表明，人力资本聚集能通过规模经济的报酬递增与距离带来的运输成本的交互作用产生空间效应（虹吸或扩散），影响相邻地区的经济增长（Krugman, 1991；Fujita et al., 1999）。新地理经济学为人力资本对经济增长作用机制研究提供了一个新的分析框架，然而，新经济地理学与新经济增长理论如何在理论上融合，需要进一步研究。基于该理论背景以及我国经济增长的现实背景，探讨如何在人口数量红利即将消失之际挖掘人口质量红利，实现数量型"人口红利"向质量型"人力资本红利"的动力转换，以及优化我国各区域间人力资本的空间分布，通过人力资本聚集的空间效应形成和扩大人力资本红利，便成为非常有意义的研究课题。

第二节　研究目的和意义

一、研究目的

近年来，一些学者提到了人力资本红利的概念（Mason and Lee，2004；Feyrer，2007；穆光宗，2008；蔡昉，2009；张茉楠，2012；张同斌，2016），但是一般将其作为第二次人口红利的一部分进行的探讨，并未作出详细的论述和较为正式的定义。第二次人口红利所强调的仍然是人口年龄结构转变所延伸出来的有利条件，包括对资本、储蓄、出口和消费的影响所间接形成的经济增长作用，其虽然也考虑到了关于人口质量的人力资本因素的贡献，但并未严格区分劳动年龄人口数量丰裕与人口质量提升分别所产生的经济增长效应。特别是当前我国劳动力素质已经明显得到提升、人口年龄结构优势逐渐消失的背景下，人力资本因素对我国经济增长的作用越来越大，既往"人口红利"的概念难以全面反映人口因素对我国经济社会发展所产生的影响，需要将其扩展与完善，把人口结构转变所产生的人力资本红利独立出来加以考察。

首先，本书探讨人口结构性转变背景下各区域新生成的"人力资本红利"替代传统的"人口数量红利"的下降，以此构造经济社会可持续发展和创新发展在各区域的动力机制。其次，现代经济增长的源泉，是在一个国家或者地区人力资本规模既定情况下改变他们的空间分布，通过人力资本流动与集聚的规模经济与溢出效应，对国家经济增长产生带动作用，在这个意义上，新经济地理学和新经济增长理论是可以打通的。本研究尝试将空间因素纳入经济增长模型，充分考虑我国各地区的空间关联性及区域不平衡的结构性特征，从地域性视角和空间视角两个维度寻求我国人力资本红利的生成机制及其时间趋势效应。最后，根据我国人力资本发展的空间分异特征及其经济增长的空间溢出效应，探索我国区域间人力资本红利的空间关联性发展政策与引导机制。

二、研究意义

1. **理论意义**。古典经济学、新古典经济学和新经济增长理论、发展经济学注重人口因素尤其是人力资本对经济增长的贡献，但较大程度上忽略了人口的结构性因素、制度性因素、空间关联性因素对经济增长的影响。本研究通过制度理论评估人力资本红利生成的宏观态势，将资本积累、素质提升、制度特征变量以及区域变量纳入人口增长与经济增长关系的研究范畴，通过建构"人口数量红利""人力资本红利"关系动态演化模型，借助地理信息技术与空间计量方法构建人力资本红利的空间溢出效应模型，分别为我国东、中、西部地区人力资本红利生成机制和空间关联性发展政策寻求新的理论解释，并补充和丰富人口经济学和劳动经济学理论框架。

2. **实践意义**。中国正由区域性"用工荒"向全局性"用工荒"转变，加之当前延长退休年龄、"全面二孩"滞后效应、新型城镇化等多个新的政策动向，劳动力有限剩余形成我国人力资本红利开发的倒逼机制。厉以宁、蔡昉等认为人力资本红利、新资源红利和新改革红利正在替代旧的人口数量红利。上述观点表明，需要在实践中从新的视角思考人口红利问题，并诠释人力资本红利为我国比较竞争优势提供了何种动力，对我国东、中、西部经济的影响机制和程度是否一样，如何在实践上将其完整地识别和估计，这些对于明确我国各地区劳动政策关注的重点和难点，以及解决区域间劳动力资源配置、人力资本空间投资策略等问题具有十分重要的现实意义。此外，人口数量红利向人力资本红利转变的研究将有益于推动经济效益和社会福利的统一。人口数量红利形成了巨大财富，促进了我国经济高速增长，但社会福利水平却没有因此同步提高，即人口数量红利所带来的财富增长并没有回归于人口结构变化本身，使得我国经济增长和社会保障发展不平衡。人力资本红利意味着劳动者不仅能通过家庭和个人的投资获取人力资本，还将通过社会建设方面的公共投资途径如医疗健康、社会保障、教育培训、体育文化等实现人力资本积累，而劳动者人力资本的开发和利用，将构成促进经济社会高质量发展的生产要素。人力资本生产性和福利性的结合，会最终实现经济增长和社会发展的统一平衡。

第三节　研究内容和方法

一、研究内容

第二章　基础理论与文献综述。首先，对人力资本红利的相关内容与最新进展进行系统综述和整理，对人力资本红利的概念和内涵进行诠释。其次，基于我国人口转变视角，从数量型"人口红利"向质量型"人力资本红利"的发展历程进行文献梳理，包括人口数量红利的经济增长效应及其期限，人口转变与人力资本积累、人力资本与经济增长、人力资本对经济增长的空间溢出效应等方面内容。具体而言，从我国人口数量红利的期限出发，综述了现有研究关于人口数量红利窗口期的相关争论，可以确定的是，这一窗口期正在变窄。从人口数量红利向人力资本红利转变的相关研究认为，人力资本红利可以支撑人口数量红利逐步减弱后的人口比较优势，使我国经济发展实现动力转换，形成持久发展的良好局面。再次，分别阐述了教育人力资本和健康人力资本对经济增长的相关研究，将空间视域下东、中、西部地区所形成的人力资本红利因各地区的人口、经济发展状况所产生的差异进行了比较。最后，通过分析人力资本聚集对经济增长的空间溢出效应的相关文献发现，我国人力资本聚集在空间上具有显著的溢出效应，但鲜有研究区分了教育和健康异质性人力资本的空间作用差异，及其随地区间隔距离改变时呈现的变动规律。

第三章　中国人力资本发展状况及空间分布关联。首先，通过考察东、中、西部地区教育和健康人力资本的区域差异发现，教育人力资本在东部地区长期高于中西部地区，就教育基尼系数而言，西部地区最高，东部地区在多数年份高于中部地区。健康人力资本方面，东部地区每万人床位数从 2011 年开始落后于中西部地区，但受人口结构的影响，东部地区死亡率长期低于中西部地区；从健康人力资本流动结构看，中部地区医疗健康资源流动结构处于较好水平，接近于 1，西部地区人力资本流动系数大于 2，与其经济贡献相比，健康人力资本投资相对较高；东部地区人力资本流动系数小于 1，依据其经济贡献看，其处于较低水平，而且长期呈现下降趋势。其次，分省域考察教育和健康人力资本的空间分布特征发现，地区抚养比越高的地区平均受教育年限越低。2001—2016 年各省域高技能劳动力比例呈现由西到东梯次递增的态势，东部省域具有更快的上升趋势，东部地区能够长期吸纳高人力资本劳动力，产生了人力资本的聚集效应。最后，从空间相关性看，教育和健康人力资本在空间上均呈现相似地区相互聚集的空间分布特征，呈现高—高聚集或低—低聚集空间自相关特点；结合地区经济发展看，周边地区教育人力资本与本地区实际人均 GDP 始终呈现空间正相关性，而周边健康人力资本与本地区实际人均 GDP 的空间相关性会因经济发展阶段不同而改变，据此，要准确测度教育和健康两类人力资本对经济增长的空间效应，还需进行精确的计量分析。

第四章　中国人力资本红利形成及溢出效应的理论分析。首先，从区域人力资本红利形成视角，基于人口结构转变、理性预期理论构建了人力资本的形成机理，并从教育、健康异质性人力资本出发构建了异质性人力资本红利的形成机理；其次，借助中心—外围模型在理论上阐述了劳动力及其所承载的人力资本流动与聚集过程中，所产生的中心地区和外围地区经济发展之间的虹吸和扩散两种空间效应（潜在影响）的基本形式；最后，基于产业聚集理论与地理学定律，分析了人力资本红利的溢出效应在时间和空间上的变动规律。一般情况下，人力资本流动和聚集过程中同时产生虹吸和扩散两种空间效应，只需进一步判断当前我国人力资本聚集所形成的空间效应是哪一种为主导形式呈现，而对其具体表现形式（净效应）的观测仍需进一步地实证检验，而这一过程中必将通过人力资本对经济增长的空间效应形成人力资本红利。

第五章　中国人力资本红利的空间溢出效应实证分析。采取我国 2006—2015 年 256 个地级市面板数据，以行标准化后的城市间距离平方倒数作为空间权重矩阵，考察了教育人力资本、健康人力资本和人口数量红利三个变量对地区经济增长的边际作用特征，并使用设定距离门槛值的权重矩阵进行了局域性估计，考察人力资本红利的空间变动规律。然后采取经济距离矩阵、添加其他控制变量空间溢出项的方式进行了稳健性检验。研究发现，我国人力资本红利将能缓解逐渐消失的人口数量红利，经济增长中的人口数量红利终将演化成为人力资本红利。从空间维度看，全域空间上人口数量红利和健康人力资本对经济增长呈现显著的空间虹吸效应，表明就业人口和健康人力资本分布的不均衡性会扩大市域间经济增长差距；教育人力资本对经济增长呈现空间扩散效应，表明地区教育水平提升将一定程度地促进周边地区经济增长，合理利用教育人力资本的空间扩散效应将能有效缩小地区间的经济增长差距。局域空间上，基于不同距离门槛值的估计结果表明，随着地区间空间壁垒的逐渐削弱、市场边界范围的扩大或人力资本潜力的逐渐提升，地区间人力资本对经济增长的边际作用将会逐渐增强。

第六章　中国人力资本红利的时间—空间效应实证分析。采用2012—2016年的中国劳动力动态调查数据，通过多层次空间计量模型分析地区人力资本对异质劳动者工资收入的时间—空间效应，以及人力资本就业红利的时间—空间效应。研究发现：（1）劳动者个体健康状况以及教育水平提升均能显著提高工资收入，表现出微观层面的人力资本红利。（2）地区教育人力资本对于劳动者工资收入的提升具有滞后效应，随着时间的推移才会逐渐凸显，从长期看，地区教育人力资本对劳动者工资收入的边际提升作用呈现逐步增加的态势。健康对劳动者工资收入具有提升作用，而个人健康人力资本的影响更为显著。（3）从空间维度看，全域空间上教育人力资本具有显著的空间扩散效应，能带动周边地区劳动者工资收入的提升，这与第五章结论一致，但是随着时间的推移，这种效应会逐渐消失。地区健康人力资本水平的空间效应具有滞后性，本地区劳动者工资收入增长会因周边地区健康人力资本水平的提升受到制约，地区间医疗健康水平的差距一旦形成，将能产生持续的虹吸效应。从局域空间上看，当仿真模拟我国城市间市场壁垒逐渐被削弱，即各城市涵盖的教育和健康人力资本潜力更大时，其对劳动者工资的空间溢出效应也随之增强。与此同时，本地区教育人力资本对劳动者的边际增收效应呈现逐渐减弱趋势，表明来自其他地区教育人力资本对本地区教育人力资本的边际增收作用具有替代性或互补性特征。（4）采用经济距离作为空间权重矩阵时，地区健康人力资本对劳动者收入的空间虹吸效应相对延迟，表明在地理距离基础上增加地区经济关联将能有效制约地区健康人力资本提升对邻近地区的虹吸效应。

基于异质劳动力群体分组估计发现：（1）对劳动者个体而言，健康人力资本提升将显著缩小性别、户籍以及技能工资差距，教育人力资本提升会缩小性别工资差距，但会加大户籍、技能工资差距。（2）城市教育人力资本提升将显著缩小性别工资差距；在中期将显著缩小城乡户籍劳动者工资收入差距，但是长期看这一差距仍将继续扩大，会增加高技能劳动力与低技能劳动力工资差距，产生"临界分割效应"。空间维度上，教育人力资本的空间扩散效应将更有益于城市、高技能劳动者收入水平的增长。健康人力资本对劳动者个体的空间虹吸效应均具有时滞性，长期而言对农村、女性、低技能弱势劳动力群体工资收入抑制作用更大。基于区域差异的估计结论表明：（1）个人层面的教育和健康而言，其对中西部地区劳动者个体的工资增收的边际作用更大。（2）地区教育人力资本对劳动者工资增收作用在中西部地区更为显著；中西部地区劳动者工资收入水平受到的教育人力资本的空间扩散效应更高，而同时受健康人力资本的空间虹吸效应也更大。

基于人力资本就业红利的时间—空间效应分析发现：全域空间上邻近地区教育人力资本能够通过空间扩散效应增加本地区的就业水平，但这一现象会随着时间的推移逐渐消失，并最终增加本地区的就业压力，而且在东部地区更为显著。对于地区健康人力资本而言，邻近地区医疗健康水平提升在长期将能显著降低本地区的失业水平，提升劳动力市场整体就业水平。局域空间上仍然显示出随着空间壁垒的逐渐减弱、市场一体化水平的逐步提升，人力资本呈现的空间效应也将逐渐提高。

第七章　中国人力资本红利的开发策略与引导机制。首先，提出了区域性人力资本红利的开发策略应侧重于提升教育和健康资本在各地区的投入—产出效率，在此基础上，通过人力资本空间关联性开发策略扩大人力资本红利。对教育人力资本而言，建立地区之间良好的秩序与合作关系，使教育人力资本的空间扩散效应具有可持续性，实现地区之间的激励相容，以内化人力资本空间效应的外部性特征。对于健康人力资本而言，可以借助"有形的手"推动健康人力资本公共投资，尽可能在地区之间选择均等化的健康投资策略，向健康资源不足地区实施适度倾斜的健康投资，弱化健康人力资本的空间虹吸效应。同时应注重人力资本区域关联性发展策略，如较发达地区（京津冀、长三角、珠三角等）不应局限于邻接省域的协同发展，要注重向具有更大边际效应的中西部地区扩展，提升教育和健康人力资本对我国经济增长的贡献。其次，开发人力资本的就业红利，注重劳动力就业引导机制的构建，积极开发老年人力资本红利，提升女性劳动参

与率，创建公平的劳动力市场就业环境。再次，人力资本空间流动机
制的改善，需要进一步削弱劳动力市场分割，构建无内部边界的空间
流动引导机制，逐步建成公平竞争、开放有序的劳动力市场一体化体
系，同时需要改善人力资本流动的外部引导机制，促进劳动力内外流
动均衡。最后，人力资本市场体系建设机制方面，应继续优化人力
资本市场报酬体系，同时从源头改善人力资本的供给体系，提升其与
产业结构的匹配度，产业转移与升级并举，构建人力资本协同联动机
制，扩大人力资本红利。

二、研究方法

1. **文献研究法**。通过文献梳理，明确人力资本红利问题解决路径
的切入点。基于我国人口数量红利期限的研究文献为现实背景，以人
口转变、人力资本积累、人力资本的经济增长效应及其区域差异、人
力资本聚集的空间溢出效应等文献为发展脉络进行归纳和总结，提出
本书的主要研究目标。利用既有人力资本红利相关研究文献丰富本书
的论证过程，并为后续研究提供思路和方法。

2. **比较分析法**。首先采用纵向比较法，对我国人力资本的发展状
况进行统计性描述，观测人力资本的变化趋势，探寻人力资本红利的
形成路径。其次采用横向比较法，借助于地理信息系统（GIS）以及
空间探索性分析方法（ESDA），比较不同区域、省域间的人力资本的
空间分布及变化特征。利用全域 Moran 指数和局域 Moran 散点图考察
我国教育人力资本和健康人力资本的空间关联性水平，综合比较各地
区人口年龄结构转变过程中人力资本在时间和空间两个维度上的变动
规律。

3. 归纳与理论演绎法。综合应用人口学、劳动经济学、新经济地理学以及人力资本理论、人口转变理论、"中心—外围"理论等相关理论方法和分析工具，通过演化经济学构建人口数量红利与人力资本红利关系动态演化路径，以及人力资本红利的空间溢出效应及时间—空间变动规律，突出内在的传导路径及演化机理。

4. 实证分析法。在所构建理论框架的基础上，建立（空间）计量模型，包括人口数量红利与人力资本红利的动态演化模型、人力资本红利的空间溢出效应模型和多层次空间计量模型。采用我国地级市面板数据以及中国劳动力动态调查微观数据，进行回归分析，测度人力资本对经济增长的空间溢出作用，以及对劳动者工资收入和就业的增长效应及其随时间—空间的变动规律，予以回应理论形成机理。

第四节　研究技术路线

依据本书的主要研究内容和方法，研究思路框架和逻辑路线图设计如下：首先，研究准备。通过梳理中国人口转型与人口数量红利期限，以及中国人力资本发展的空间特征相关文献，明确本书的研究背景，树立研究目的和意义。其次，进一步通过文献梳理，为空间视域下人力资本红利及溢出效应研究提供理论基础并确立研究的创新性、前沿性。再次，研究核心阶段。对区域性人力资本红利的形成路径、人力资本红利的空间溢出效应以及人力资本聚集的时间—空间效应的变动规律进行理论分析，并通过相应的实证检验回应理论形成机理。最后，依据理论分析与实证检验的相关结论，针对性地提出中国人力资本红利开发策略与引导机制。具体的技术路线和研究框架如图1-1所示。

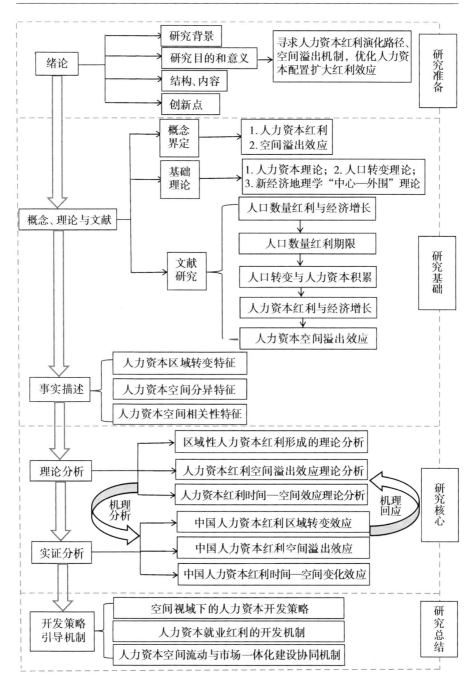

图1-1　研究技术路线

第五节　研究创新与不足

一、研究创新

我国各区域经济发展以及人力资本的空间流动与聚集使各地区人力资本红利形成空间关联效应，而既有研究多是从地域性视角进行的人力资本红利研究，较少有学者关注人力资本对经济增长的空间溢出效应及其随时间—空间的变动规律。本书从地域性视角和空间视角两个维度对我国人力资本红利形成机理进行系统性阐述，并通过实证研究对各形成机理予以回应，从而找出我国人力资本红利价值开发的战略措施和引导机制，扩大我国人力资本红利。主要创新在于：（1）融合人力资本理论、人口转变理论、新经济地理学"中心—外围"理论，探讨了"人口数量红利""人力资本红利"关系动态演化路径、人力资本红利的空间溢出效应及其时间—空间变动规律，给出了我国东中西部地区人力资本红利生成路径和空间关联性发展政策新的理论依据。（2）从人口转变视角出发，将人口数量红利与人力资本红利纳入同一框架，并将人力资本红利分解为教育人力资本和健康人力资本两部分，基于我国城市面板数据研究人口数量红利与异质性人力资本对于中国区域经济增长影响的差异，并通过空间杜宾模型考察了其空间溢出效应。（3）既往研究在经济聚集的空间维度上考察人力资本的空间增收效应时，仅将距离倒数作为权重计算每个地区相对于全局范围的人力资本潜力，这并未充分考虑一国内部基于经济聚集范围变化时地区之间人力资本潜力的改变。本书进一步考察了基于运输成本（距离）变化时地区间人力资本形成的空间邻近性的经济效应，从地区间距离本身出发，按城市间最短距离范围（每个地区至少涵盖一个空间邻接单元）将经济地理空间划分多个圈层，用空间边界范围逐渐增加模拟空间壁垒的逐渐减弱或市场一体化程度的逐渐提升，分析地区收入水平对于来自不同经济聚集或市场边界范围的人力资本的空间作用特征及其时间趋势效应。（4）在空间权重矩阵的构建方法上，进一步考虑地区间相互影响的经济因素，构建经济距离空间权重矩阵与传统地理距离空间权重矩阵进行对比研究，考察人力资本受经济因素制约后其时间—空间效应的转变特征。（5）突破单一层面的数据拟合，将中国劳动力动态调查微观样本与宏观地级市层面的面板数据相结合，通过构建多层次空间计量模型，实现了地区人力资本水平对异质劳动力工资收入的时间—空间效应的考察。同时测度了地区人力资本对劳动者就业的时间—空间效应，综合考量人力资本对我国劳动市场形成的红利效应，寻找提升我国劳动力市场运行效率及开发人力资本红利更有效的途径。

二、研究不足

其一，控制变量的扩展。实证部分尽可能选取与城市收入相关的控制变量，通过面板数据估计消除了遗漏变量对模型回归结果的影响，并进一步采用固定效应模型消除了不可观测的个体效应影响。若能控制更多可能影响城市收入水平的相关变量，将能获得更为全面的结论。其二，经济区域规模的处理。在经济区域的子样本分析中，界定出的经济区域规模大小不一，这对部分变量的显著性、不同经济区域间的对比产生了一定影响。经济区域是在经济发展过程中结合地理空间连接、经济社会发展关联、地方政府合作等划定的，其范围、规模具有确定性。若能通过有效途径消除经济区域规模的干扰，则可以得到人力资本红利空间结构区域演化更为准确的结论。其三，本书研究基于地级市层面，由于实际数据可得性，为了适应空间杜宾模型平衡面板数据的要求，对西部地区少数省份缺失数据较多的城市没有纳入考察范围，若能将完整的数据纳入将使研究更为完善。

第二章　基础理论与文献综述

第一节　概念界定

一、人力资本红利的概念

Bloom 和 Williamson（1998）正式提出人口红利一词，随后 Mason 和 Lee（2004）对第一次人口红利与第二次人口红利的概念进行了区分，认为第一次人口红利或数量型人口红利是一个国家或地区人口年龄结构变化过程中所产生的，主要表现为充足的劳动年龄人口供给以及充分就业所带来的一种经济增长效应。而在这种具有生产性的人口年龄结构所形成的有利于经济快速增长的条件逐渐消失之际，由第一次人口红利对资本（包括物质资本和人力资本）、储蓄、出口和消费等的积极影响所带来的新一轮的经济增长效应，可视作第二次人口红利。我国经济发展正处于两次人口红利的过渡期，第一次人口红利积累的物质资本和人力资本，在合理的政策制度下将可以有效转化为第二次人口红利（廖海亚，2012）。人力资本是我国充分发挥第二次人口红利的核心要素，第一次人口红利的消失将能够通过充分利用人力资本红利进行替代（胡鞍钢、才利民，2011；蔡昉、王美艳，2012）。穆光宗（2008）认为，人力资本红利是涵盖在"人口大红利"

中的一种红利，"人口大红利"概念的核心是人的全面发展，包含人口转变、人口投资、人口转移以及人口转型四种红利，其中人口投资红利主要依靠健康、教育、培训等人力资本投资积累、开发和利用为基础形成的经济增长效应，即人力资本红利。张茉楠（2012）认为人力资本红利是和人口数量红利相互承接过渡的红利形式，通过四种机制过渡转换最终实现经济增长。人口数量红利首先通过劳动力数量带来的低成本社会产出和劳动力流动与配置带来的生产效率提高而产生；而人力资本红利通过后两种机制产生效益，即改善和增加劳动力的一系列包括教育、培训、健康在内的投资，刺激投资和消费需求，以及优化劳动力和资本组合，促进劳动力不断升级，最终实现经济增长和就业匹配、劳动力升级和产业转型匹配。

基于以上对人力资本红利的解释，厉以宁（2012, 2018）也提出中国有新的人口红利和资源红利，新人口红利可以通过充分利用熟练技术工人来实现，新资源红利在于智力、人才、科技资源的开发，过去依靠人口年龄结构优势所形成的低成本劳动力比较优势可以视作旧人口红利，随着我国产业结构的升级优化和全球分工体系的细化，高素质、高技能劳动力将成为经济发展新的比较优势，人力资本红利的充分释放会是我国未来经济增长新的引擎。任远（2016）研究指出我国劳动力的平均受教育年限在各级教育普及的情况下得到了大幅提升，这将形成以人口质量为基础的新的人口红利，即人力资本红利。人力资本红利具有规模报酬递增的特性，同时体现劳动者的健康、教育、文化等多方面状况，其在提升劳动生产率的同时还将促进社会福利水平的整体提升。朱宇和刘爽（2019）认为，我国人力资本水平持续提升，劳动者就业从劳动密集型行业转向高附加值行业，有利于获得人力资本红利。

综合以上学者对于人力资本红利内容的论述，这里将人力资本红利的概念进一步归纳为：一是以各种形式的健康、教育、培训的投资为依托，不断增加人力资本积累；二是通过劳动力的优化配置和不断升级，实现与产业升级、经济转型的匹配，促进就业与劳动生产率的提升；三是以人力资本的积累、开发和利用为基础，通过对消费、储蓄、投资、劳动生产率、技术进步等的作用来促进经济长期发展和社会福利水平的提高，包括缩小城乡发展差距、地区贫富差距、性别工资差距等社会效应。

（一）人力资本红利与人口数量红利概念区分

人力资本红利与人口数量红利不同：第一，实质不同。人力资本红利实质是人力资本对经济增长的拉动效应，注重劳动力人口的受教育程度、技术水平及健康工作年限；人口数量红利则强调人口年龄结构变动形成的生产性人口数量增加促进经济增长的过程，重在劳动力数量而非质量。第二，二者存在的历史阶段不同。人口数量红利依靠生产性人口数量投入获得的增长，是一种粗放的经济增长模式，一般存在于工业化之前的传统社会时期。人力资本红利则一般在工业化时期才开始显现，因为在前工业化时期的人力资本积累尚未达到一定程度，还不足以呈现对经济增长的作用，但是当工业化进程加快，人力资本积累并突破一定门槛值之后，人力资本就会发挥对经济增长的积极作用。第三，二者的持续性不同。人口数量红利不可持续，当生育率开始下降直至进入老龄化社会时期，劳动力人口占比逐渐降低直至短缺，人口数量红利也就不复存在。以人力资本为核心的劳动力素质的提升是经济社会发展的必然趋势，随着人力资本存量的不断增加，其对经济增长的贡献也将逐渐提高，而且人力资本积累的非逆性表明人力资本红利具有可持续性。

人口数量红利向人力资本红利转变具有必然性。一方面原因在于，我国经济发展必须要转型升级，主要表现为从劳动密集型产业向资本和技术密集型产业的过渡，意味着生产环节重心将更多由生产制造业向研发、创意和营销过程转变，而这都取决于技术和管理水平，前提是劳动者技能水平的升级。因此，我国劳动力未来需要具备更高的人力资本水平才能满足市场需求。另一方面原因在于，人口数量红利转向人力资本红利是形成新的比较优势的重要基础，随着我国人口数量红利的削减，逐渐丧失了劳动力成本优势，一些产业开始转移到东南亚、南亚国家，人口数量红利难以持续，此时积累、发掘和利用我国的新的比较优势——人力资本，将是我国经济获得新增长动力的重要途径。虽然当前我国人力资本水平相对于发达国家仍显薄弱，但是我国受教育人数与层次在明显提高，如义务教育的普及、高等教育的规模不断扩大，形成了我国低成本、高素质的教育人力资本优势，同时劳动力整体健康水平在"健康中国"战略下也得以大幅提升，中国人力资本的增长速度明显加快。产业结构调整与高素质劳动力结合必将成为我国经济增长新的比较优势。

（二）二次人口红利中的人力资本效应

第一次人口红利。当我国人口生育率迅速下降，人口结构特征表现出少儿抚养比下降、加速老龄化，而在进入老龄社会前将产生一个劳动力资源相对丰富、抚养负担轻、有利于经济发展的"黄金阶段"，此时，有利的人口条件将为国家经济创造出高储蓄、高投资和高增长的局面（Lee and Mason, 2006），这种"年龄结构效应"（Bloom et al.,

2009），可以视作"第一次人口红利"阶段。中国之所以比较成功地收获第一次人口红利在于实施了一系列成功的经济社会发展战略以及良好的经济社会环境，尤其是一系列经济社会发展政策，如人口控制政策、教育普及政策、就业促进政策等，为吸收和利用人口红利创造了良好的条件和基础，使中国较好地收获了人口年龄结构变动所带来的人口数量红利，从而为粗放型经济增长提供了强大的动力支持。成功地吸收和利用人口数量红利是中国成为劳动密集型产业基地、加工制造业中心、出口大国以及世界工厂的重要原因之一。

第二次人口红利。劳动年龄人口比例下降、人口抚养比提高后，将形成第一次到第二次的人口红利的转变阶段。Mason 和 Lee（2004）最早从储蓄的角度提出了第二次人口红利的概念，认为平均预期寿命的延长和老龄化程度的不断提高增加了老年时期的消费需求，人们为满足消费需求的增加而形成新的储蓄动机，这将会增加社会总资本的积累，促进经济增长。蔡昉（2009）认为，第二次人口红利来源于富有生产性的人口结构对储蓄率和劳动力供给形成的促进作用，一方面，养老动机增加了社会储蓄；另一方面，健康状况改善及预期寿命增加，劳动人口实际工作年限增加也将带来经济增长。杨英和林焕荣（2013）进一步从人口转变过程中人们的行为调整对第二次人口红利进行了阐释，认为决策者基于理性预期（包括人力资本预期和养老）对自身的决策行为（包括受教育时间和教育投入、养老保险自我储蓄比例、工作时间、退休后消费）进行调整，产生了经济增长效应。一般地，当一个国家或者地区劳动年龄人口数量增长过程中达到临界点并呈现下降趋势以后，此时经济增长模式将不再依赖于劳动力人口数量增长，转而依赖于劳动力质量。随着产业结构的升级和制度创新，我国经济增长将逐步转向依靠科技进步和劳动者质量提高的集约型发展模式（见图 2-1）。

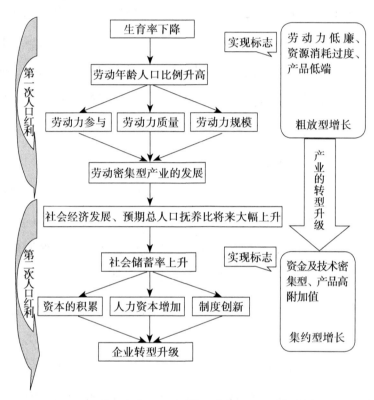

图 2-1　第一次人口红利到第二次人口红利演化特征

资料来源：孟令国、王清、胡广：《二次人口红利视角下国民储蓄率影响因素分析》，《经济科学》2013 年第 5 期。

　　人力资本效应并存于二次人口红利，比较第一次人口红利和第二次人口红利可知：（1）第二次人口红利是对第一次人口红利时期形成的有利条件的释放和利用，并不一定存在先后顺序关系，两者可能存在时间上的交叠，保持了一定的连续性（杨英、林焕荣，2013），主要表现在：首先，第二次人口红利期国民储蓄能力主要来源于第一次人口红利期积累的个人和社会财富；其次，第二次人口红利中的人力资本收益是在第一次人口红利期中对年轻一代人力资本投资的结果。(2)第一、二次人口红利实现过程中不同因素导致了边际报酬递减,第一次人口红利取决于劳动力数量或规模,劳动力充分流动过程中形成较高的劳动参与率和就业,同时形成人力资本的初期积累;而创造第二次人口红利主要取决于劳动力质量,在于拥有更高的人力资本水平,即人力资本红利是第二次人口红利的主要组成部分。(3)第二次人口红利相对于第一次人口红利在时间上更持久。第一次人口红利会随着我国劳动力人口占比的减少而逐渐消失,我国人口转变速度较快,第一次人口红利期不到40年。第二次人口红利通过人力资本的不断积累以及由此所形成的劳动生产率的持续提升,可以带来经济的长期增长。事实上,人口转变中的出生队列,他们在第一次人口红利期消失前便已进入劳动力市场,而且普遍具备比父辈更高的教育水平和健康投入,这个人力资本增量在第一次人口红利期就已经为经济增长作出了重要贡献(李建民,2016),即人力资本红利也存在于第一次人口红利中。

二、空间溢出效应的概念

地理学第一定律指出,地理空间上所有事物都具有相关性,而且相距越近的事物之间关联性越大(Tobler, 1979)。空间溢出效应是通过变量之间在地理空间上的某种相互作用关系产生的,主要强调的是与来自其他空间单元的作用关系,是一种互动过程。一般而言,在地理空间上,某个单元靠近技术、知识或人力资本源溢出区域并且有能力接受这些溢出源,那么就可能在空间上形成相互聚集的特征,并且随着与溢出源距离的增加,其接受能力会逐渐减弱。如果靠近溢出源的空间单元在吸收技术、知识方面的能力较弱,而且与这些溢出源的经济发展存在较大差距，则可能会引致本地区的劳动力等生产要素流失到溢出源，导致这些空间单元产生空间溢出的负面效应，形成极核的空间特征，不利于本地区经济发展。如果邻近溢出源的空间单元具有较强吸纳能力与较高的经济发展水平，那么溢出源区域会对技术、知识或人力资本等资源进行帕累托改进，寻找更优的配置模式，将部分生产要素扩散到周边空间单元并帮助其有效吸纳，从而发挥溢出源的扩散带动功能，促进整体区域经济的发展。

随着高速铁路网络、移动通信技术、物流体系的快速发展，一些交通基础设施与信息化水平高度发达的地区能够有效克服传统地理距离间隔所引起的衰减效应，跨越地理空间边界与具有相似经济发展水平的区域进行技术、知识或人力资本要素的互动，跳跃紧邻区域进行空间溢出，呈现等级扩散的特征，促进资源互补与优化配置，继而在地理空间上形成多个聚集中心的网络化特征。结合我国区域经济发展特征看，当前时期存在多个人力资本聚集中心，这增强了生产要素的扩散功能。综合而言，人力资本空间溢出效应表现为人力资本的空间流动、聚集以及联系网络节点的空间特征，是人力资本发挥其空间外部性的一种有效途径，主要体现在周边区域人力资本的变化引起的对本地区的经济增长效应、劳动者工资增收效应以及劳动力市场就业效应等。

第二节　基础理论

一、人力资本理论

1960 年西奥多·舒尔茨（Theodore W. Schultz）在美国经济学联

合会年会上发表"论人力资本投资"的演讲，正式提出人力资本理论并证实了人力资本在经济增长中的决定性作用。然而，舒尔茨的人力资本理论侧重于宏观层面尤其是教育投资的分析，缺乏微观理论的支持及人力资本形成的一般模型，导致对人力资本投资的各项因素未能进行充分的量化研究。一个范畴的形成应该包括外因和内因两部分，加里·S.贝克尔（Garys Becker）进一步从微观视角探讨了正规教育的成本和收益问题，弥补了既往研究的不足，由此形成了完整的人力资本理论并产生了深远影响。随后，一些学者开始研究人力资本在新技术应用过程中的核心作用及其经济增长效应（Nelson and Phelps，1996）。但是当时宏观增长理论以新古典经济理论为主，主要依据劳动投入量和物质资本投入量为自变量的生产函数而建立的经济增长模型，知识、技术进步等因素仍然被视作外生变量纳入模型来求解经济增长。直至20世纪80年代中期内生增长理论的出现，以保罗·罗默（Paul Romer）、罗伯特·卢卡斯（Robert Lucas）等为代表的经济学家认为，经济增长在不依赖外力的情形下仍能实现持续增长，而这一过程中的主要决定因素是内生的技术进步。具体而言，在投入劳动力要素时所涵盖的因教育、培训、在职学习等而形成的人力资本，以及在物质资本积累时所涵盖的关于研究、发明、创新等所催生的技术进步，这些都是保持经济持续增长的核心因素，内生增长模型的出现有力地推动了人力资本理论的发展。

与物质资本不同，人力资本指存在于人体之中的具有经济价值的知识、技能和体力（健康状况）等质量因素之和；同物质资本相似的是，人力资本亦是耐用的、持久的和可积累的。严格来说，人力资本包括教育人力资本和健康人力资本两部分，在微观和宏观层面上，都可以把教育和健康看作两种人力资本，两者都通过影响对方而对经济增长产生间接影响，同时两者对经济增长也存在直接影响（Mushkin, 1962）。人力资本概念的提出，予以解释了发达国家和发展中国家在经济增长上的差别很大程度上取决于人力资本的丰富和稀缺。基于经济学理论，在给定生产函数及技术水平不变时，当投入一定量的物质资本与劳动力要素后，其边际收益将呈现边际递减的特征。与之相对，当人力资本水平持续提升，随着人力资本积累效应的显现与技术进步的作用，边际收益递减效应将得以减缓，而人力资本存量增长蕴含的生产能力将实现规模效益递增（Andersson et al., 2009; Bodman and Le, 2013）。在人力资本的作用下，社会的生产可能性边界将以较快的速度向外扩张，推动经济高速增长。当前我国劳动力数量的增加对经济带来的人口数量红利呈现逐渐消失的趋势，而人力资本对经济的贡献正逐渐加大。

二、人口转变理论

20 世纪初期，法国人口经济学家兰德里（Landry）1909 年、1934 年先后在《人口的三种主要理论》《人口革命》中较早提出人口转变理论，将人口发展划分为三个阶段：一是高出生率和高死亡率的原始阶段，二是生育率降低的中期阶段，三是出生率和死亡率都降低的现代阶段。此后，诺特斯坦（Notestein）在 1945 年引进"转变"（Transition）一词并逐步发展完善，系统地论述了与经济发展水平相关联的人口转变"三阶段说"。金德伯克（Kindelberge）和赫里克（Herrick）1958 年进一步论述了与经济发展密切相关的人口转变"四阶段说"：一是出生率和死亡率都很高，而且均呈现较大的波动性；

二是出生率较高，而死亡率在医疗水平逐渐上升、健康人力资本水平得以提升的情形下开始呈现下降趋势，人口增长较快的同时人口质量也得到提高；三是出生率开始下降，死亡率仍下降但速度趋缓，人口增长率仍较高；四是人口增长率接近于零的状态，即出生率和死亡率达到均衡。随后的柯尔、科特维尔等一些学者对人口转变理论进行了补充和完善，但结论基本一致，认为人口转变受经济发展阶段和医疗健康水平的制约，是传统人口再生产类型转向现代人口再生产类型的过渡期，即经历了"高位均衡—非均衡—低位均衡"的长期转变过程。

　　然而，第一次人口转变理论并不包括国际人口迁移因素，难以解释欧洲一些国家20世纪末面临的超低生育率的境况。Van de 和 Dirk（1987）在《人与社会》期刊上发表"两次人口转变"一文，提出欧洲出现的人口变化并非第一次（经典）人口转变的直接延续。由于生育率长期低于替代水平和老龄化程度的不断提高，以及劳动力短缺的局面，都影响这些国家人口增长，此外还有一个新的因素是国际移民的涌入。第二次人口转变理论把国际移民因素纳入分析框架，从而完成了对直接影响一个国家人口增长的要素整合。相比于第一次人口转变理论，第二次人口转变理论建立了一个包含出生率、死亡率、自然增长率、国际人口迁移率四个要素的模型，超越了传统的人口转变模型（吴帆、林川，2013）。

　　如果将人口转变仅理解为高生育率、高死亡率向低生育率、低死亡率的变动过程，则只看到了人口转变的狭义概念，未考虑到人口质量的转变。葛小寒（1999）指出，一个完整的人口转变理论应包括人口数量、质量和结构三方面内容，数量标准指人口自然增长率由高到低转变，质量标准指人口总体质量是否实现了由低到高转变，结构标准指人口结构由不合理到合理转变。Anderssson（2001）基于贝克尔人力资本理论提出"年龄结构—人力资本—经济增长"假说，认为除生命周期传导机制外，年龄结构变化过程中还将形成对人力资本的影响，继而对经济增长产生作用。综合而言，一个完整的人口转变理论应至少包括数量和质量两个方面的变化。以上研究对于当前中国人口转变及人力资本红利的形成提供了理论基础。

三、新经济地理学"中心—外围"理论

当纳入经济地理因素时，基于"中心—外围"理论[①]，人力资本红利可以来源于人力资本流动与聚集的空间效应。Myrdal（1957）认为，区域经济增长在空间上并非同步产生与均匀扩散，一般在具有初始优势的区域会实现更快的经济增长，而这又将通过循环累积效应推动更多如人力资本在内的生产要素聚集，逐渐拉大区域间经济发展差距，造成发展不平衡的空间格局。这也将导致优势区域和滞后区域之间形成空间相互作用，由此产生两种相反的效应：其一，虹吸效应，指中心发达地区和外围落后地区之间在投资收益上的差异，导致高素质人力资本、资金、技术、资源等生产要素由外围落后地区向中心发达地区流动，使得中心—外围地区之间的经济发展差距呈现逐渐扩大趋势。其二，扩散效应，指中心发达地区向外围地区的人力资本扩散提高了外围地区的技术水平，发达地区生产、生活需要的快速增长提

---

① "中心—外围"理论最早由 Prebisch（1962）提出，用来描述传统的国际劳动分工下，世界经济的两个部分：一个部分是"大的工业中心"或"技术聚集中心"；另一个部分是"为大的工业中心生产粮食和原材料"的"外围"。中心区经济效益较高，处于支配地位，而外围区经济效益较低，处于被支配地位。

高了对外围地区人力资本的需求，促进外围地区人力资本提升及经济增长。

Friedman 和 William（1964）认为，经济发展初始阶段往往呈现一种单核结构，此时生产要素主要表现出从外围向中心区域净转移的特点，而随着经济持续增长，单核结构将逐渐被打破并由多核结构替代，形成多个不同的经济中心。而随着政府干预的加强，中心和外围区域的市场边界也将逐渐模糊，人力资本等生产要素的流动成本显著降低，区域经济一体化程度逐渐提升，各区域资源将得到充分利用进而发挥比较优势，最终获得全域范围内的经济发展。Myrdal（1968）进一步提出了区域经济发展的政策主张。在经济发展的初始阶段，应选择具有区位、资源优势的地区优先发展，寻求较高的投资效率与更快的经济增速；然而，在经济发展到一定程度时，需警惕累积循环因果效应所形成的区域间经济发展差距的持续扩大，政府需要合理利用优先发展地区所产生的空间扩散效应，并通过一系列经济刺激政策推动外围落后地区发展，以缩小地区间贫富差距。

基于以上理论逻辑，Krugman（1991）在新经济地理学中以垄断竞争假设为前提，构造了基于"中心—外围"理论的一般均衡模型。该模型假设"中心区"生产劳动密集型的工业制成品，是人力资本水平较高、基础设施与公共服务较好的发达经济区域，而"外围区"则主要生产农产品，是人力资本水平相对较低、基础设施与公共服务相对落后的欠发达经济区域。其中，产业在中心区域和外围区域之间转移后会拥有更好的营运环境和更低的生产成本，而人力资本等生产要素在中心区域和外围区域之间流动后会获取更高的报酬率，规模经济、运输成本和中心区域内的制造业份额是制约各类生产要素转移和流动的主要影响因素。综合而言，人力资本聚集能通过规模经济的报酬递增与距离带来的运输成本的交互作用产生空间效应，影响相邻地区的经济增长，这为人力资本红利空间溢出效应的研究奠定了理论基础。

第三节　文献综述

一、人口数量红利与经济增长研究

既往基于新古典经济的增长模型将人口作为经济增长的内生因素研究人口增长与经济增长的关系，形成了人口红利不同的分析范式，如单部门模型、二元结构模型、多部门模型和近年来广泛应用的增长—趋同模型。从供给—需求的角度看，人口因素对经济增长的作用可以划分为两条主线：一是供给侧：人口转变增大了劳动力供给，增加了储蓄并形成资本，因此，在供给侧提供了经济生产必需的要素投入并促进了经济增长（Modigliani and Cao，2004），即人口转变的"结构效应"；二是需求侧：人口年龄结构变动影响了投资、储蓄、消费、进出口以及国际资本的流动，总需求的增加拉动了生产规模的扩张和经济规模的扩大（Lee and Mason，2006），即人口转变的"行为效应"。

Andersson（2001）通过考察 1950—1992 年丹麦、瑞典等发达国家人口与经济的关系发现，劳动年龄人口数量的提升将显著促进经济增长。Wang 和 Mason（2004）估计得出，中国在 1982—2000 年生育率下降带来的人口数量红利大约经济增长贡献了 15%，但这种红利很快就会耗尽。中国人口结构的变化不仅影响着中国经济，也产生了深刻的社会后果。Choudhry 和 Elhorst（2010）采用包含人口变量的索洛—斯旺（Solow-Swan）模型进一步研究指出，人口结构的动态演化解释了中国在 1961—2003 年经济增长的 46%，对于印度和巴基斯坦而言，则分别为 39% 和 25%。预计在 2005—2050 年，人口结构调整将对印度和巴基斯坦的经济增长产生积极影响，而对中国产生消极影响。与上述研究不同，Matteo 和 Sunde（2011）研究发现，人口转变对经济增长的影响路径呈现非单调变化特征，在人口转变初期，其对经济增长会带来负面效应，而在人口转变后期，则会显著促进经济增长。少数学者指出人口转变存在不利于经济发展的一面，如 Fehr 等（2003）从资本存量的视角分析发现，人口转变最终会导致人口老龄化，需要提高税收来为福利提供资金，这导致了严重的资本短缺，不利于经济增长。

国内学者王金营和杨磊（2010）分析发现，我国人口年龄结构变化过程中，抚养负担减轻，促进了储蓄和劳动投入效率提升，促进了经济增长，劳动抚养负担比每下降 1%，会推动经济增长 1.06%。表明年龄结构变动产生的人口数量红利效应是存在的，未来我国应该积极调整生育政策、劳动就业政策等让经济保持续增长态势。然而，车士义和郭琳（2011）采用我国 1978—2008 年时间序列数据研究结果表明，人口数量红利虽然能显著促进经济增长，但是其解释力度较小，低于固定资产投资、技术进步、制度变迁、结构变化等影响因素，因此未来人口数量红利逐渐消失，经济增长需要依赖投资、技术、产业结构、制度变迁等因素来推动。曾康华等（2013）基于我国 1981—2011 年数据分析得出，计划生育政策抑制了我国人口过快增长，人口数量红利在 20 世纪 90 年代和 21 世纪头 10 年表现明显，并且促进了我国人均财政支出与人均 GDP 的长期稳定增长。进一步地，从不同时期人口数量红利的贡献率出发，杨成钢和闫东东（2017）采取中国 1989—2014 年中国省域面板数据测算得出，人口数量红利在 25 年间对我国经济增长的平均贡献率约为 12.86%，分阶段看，在 1990—2001 年最高，平均约为 20%，而在 2010 年以后人口数量红利的贡献率开始减少。孙琼等（2018）通过采用 Lesiue 模型，考察我国"二孩政策"的实施对经济增长所产生的影响发现，劳动力人口数量会推动经济增长，贡献系数为 4.86，而少儿和老年人口数量的增加则会对经济增长产生负面效应，贡献系数维持在 -3.06。基于生育率和预期寿命视角，王维国等（2019）采用 1971—2015 年 67 个国家的面板数据，考察人口年龄结构变动所形成的经济增长效应发现，其主要产生替代效应和收入效应，对于发达国家而言，生育率的下降和预期寿命的延长阻碍了经济增长，而对于发展中国家而言主要取决于生育率的负向替代效应与预期寿命的正向收入效应。我国生育率下降和预期寿命延长在过去 40 年对经济增长的年均贡献率约为 2.72%，而随着经济发展水平的提高这一贡献正在逐渐降低并向着负边际效应转变，因而当前时期有利于通过生育率的提升来优化人口年龄结构。综合而言，人口数量的增加在一定程度上能够促进经济增长，然而人口年龄结构转变过程中劳动抚养比上升到一定阶段时，将难以持续推动经济增长，这意味人口数量红利将在一定时期终结。

二、中国人口数量红利的期限研究

国外学者关于人口数量红利终结的判断标准，主要是基于人口年龄结构的变化特征。当劳动力人口占总人口比例出现下降趋势，或者劳动年龄人口增长率低于总人口增长率时，就认为人口红利已经转变成"人口负债"（Gaag and Beer, 2015）。世界银行把人口红利期的变化划分为 4 个阶段，其中，第 4 阶段处于后人口红利阶段的国家总和生育率长期低于 2.1，老年人口占比较高并将持续增加（World Bank, 2016）。按照这一划分可以把国内学者的观点分为两类，其中一类观点认为，中国的人口数量红利或第一次人口红利已然结束，因为 2012 年以来劳动年龄人口规模已经开始持续减少，而人口抚养比持续上升（王丰，2007；蔡昉，2013）。也有学者从更严格的意义上定义"负担比"，即从有效劳动供给角度判断生产者与非生产者比例关系（Mason, 2005）。Ogawa 和 Chen（2013）根据分年龄的消费和生产曲线估计中国的有效劳动供给发现，中国的人口数量红利或第一次人口红利结束期在 2014 年。与上述观点不同，李稻葵等（2015）认为可以通过延迟退休政策、提升劳动力素质等方式增加有效劳动力供给以延长我国的人口红利期。刘家强和唐盛代（2007）、刘怀宇和马中（2011）、陈佳鹏（2012）等学者根据人口抚养比的水平（总抚养系数［从属年龄比］小于 50%［14 岁及以下少儿人口与 65 岁及以上老年人口之和除以 15—64 岁劳动年龄人口］即是人口红利时期）判断，认为中国人口红利可以延续到 2030 年甚至更长时期。

事实上，判断中国的人口数量红利或第一次人口红利是否消失，需要从工作年龄人口、抚养比、生育率等方面综合判断。首先，从年龄结构效应看，我国 15—64 岁工作年龄人口从 2012 年开始由增长转为下降。其实，15—59 岁的人口于 2011 年就已经达到峰值，这意味着中国人口数量红利的主要来源（年龄结构效应）已经枯竭。其次，在生育率转变已经完成和低生育率水平背景下，生育率变化所形成的劳动力供给效应已经消失，我国劳动参与率（尤其是女性劳动参与率）

近些年已经出现下降趋势。此外，若依据世界银行划定的标准，我国已经处于后人口红利阶段。

三、人口转变、人力资本积累与经济增长研究

（一）人口年龄结构变动与人力资本积累

一些学者认为，人口老龄化转变过程中会产生人口质量对数量的替代效应。Ozcan（2002）考察生育率与人力资本投资之间的关系发现，低生育率会激励家庭对儿童进行教育投资。生育孩子数量的减少、少儿抚养负担降低，会使家庭在孩子健康和教育方面拥有更多可以投入的资源，进而提高了子女的人力资本投资水平（Joshi and Schultz, 2007）。Lee 和 Mason（2010）借助世代交叠模型（OLG）讨论了人口年龄结构与人力资本的关系，也发现低生育率增加了人力资本积累。从个人层面看，劳动生产率的年龄分布呈现"峰形"特征，不同年龄段具备不同的劳动生产率（Lucas, 1988）。Lindh 和 Malmberg（1999）基于欧洲国家1950—1990年数据的实证分析发现，人口年龄结构变化与生产率呈现倒 U 型关系，工龄的增加将显著提升个人人力资本水平，50—64 岁的劳动者具有更高的劳动生产率。Fougere 和 Merette（1999）指出，年龄结构变动过程中，劳动力数量会因为老年化程度的加深不断减少，这也会引起资本存量减少，当资本—劳动比增加，即劳动年龄人口数量减少更快时，资本回报率将相对下降而工资上升，此时应该着重考虑如何用人力资本替代物质资本，促使资源重新配置优化。Fougere 等（2009）基于加拿大数据分析人口年龄结构变化与人力资本存量的关系发现，预期寿命普遍延长的背景下，人们往往会在年轻时接受更多的知识教育，为将来进入劳动力市场发挥较高

的劳动生产率积累人力资本，若不考虑这一点，人口老年化带来的负面效应将会被高估，他们还指出，未来具备较高人力资本水平的年长者的劳动参与率将逐步提高。

另一种观点是，人口老龄化转变的过程中，将会对教育投入产生负面效应。一方面，家庭和社会的老年抚养系数会因为人口老龄化的不断推进而上升，会一定程度上对投入教育资源产生挤占效应；另一方面，预期寿命延长将使理性劳动者增加自己年轻时的储蓄水平，用于比以往更长的老年时期消费，进而会降低对孩子教育资源的投入比例（Pecchenino and Pollard, 1995）。Poterba（1997）基于美国各州 1960—1990 年面板数据，考察人口结构与政府对中小学教育投入的影响发现，地区老年人口比例增加与每个儿童教育开支显著减少有关。65 岁及以上老年人口每增加 1%，人均教育支出会减少大约 0.3%，而且当老年人口和学龄人口属于不同种族时会有更大的负面作用。邹至庄（2005）认为我国计划生育政策抑制了劳动力人口数量提升，使家庭和社会养老负担增加，降低了对年轻一代的人力资本投资能力。

国内学者毛毅和冯根福（2012）基于两期世代交叠模型，考察家庭和社会两种养老模式作用下人口结构转变对家庭教育投资的影响发现，家庭赡养支出占比与家庭教育投资率呈倒 U 型关系，即当家庭赡养支出占比未到达临界点时，其将对家庭教育投资产生促进作用，此后则会抑制教育投入，而且当拐点越晚出现，教育投资率相对于家庭赡养支出的变化越不敏感。基于人口数量与质量转换角度，瞿凌云（2013）借助家庭效用最优决策理论模型分析我国经济发展模式下人口老龄化的经济效应发现，低生育率加快了老龄化进程，但同时也使教育人力资本投资得以增加，其对经济增长的影响取决于两种相反力量的强弱，当前时期仍然为正。王云多（2014）采取 OLG 模型考察人力资本投资时间如何受人口老龄化的制约，研究发现：短期而言，人力资本投资时间会因为人口老龄化而增多，而且使劳动力供给减少与社会生产力下降，但是长期看，将会带来更高的劳动生产率，降低人口老龄化的经济成本。张秀武和赵昕东（2018）基于 OLG 模型考察人口年龄结构转变过程中的人力资本积累效应发现，老龄化与少子化均对教育人力资本水平提升有显著促进作用，老龄化对健康人力资本水平具有正向作用，但会对物质资本和教育资本形成挤占效应。综合而言，人口数量红利期间，人口年龄结构的转变对整体人力资本投资与积累，以及对劳动力质量的提升具有显著的促进作用。

（二）人口数量红利向人力资本红利转变

Andersson（2001）提出的"年龄结构—人力资本—经济增长"假说认为，年龄结构的转变会通过提升人力资本的途径促进经济增长。在刘易斯拐点即将到来和人口数量红利面临消失的论断下，学者们相继提出通过挖掘人力资本红利及第二次人口红利实现我国经济增长的动力转换，人力资本红利的形成和扩大将给我国社会经济发展带来全局性、战略性的改变（马力等，2011）。蔡昉（2013）、孟令国等（2013）认为，应通过深化教育来促进劳动生产率提升，进而提高新时期我国产业发展的竞争力，并通过适当放宽计划生育政策为未来我国劳动力市场储备劳动力资源与人力资本存量。任远（2016）提出，只要经济增长的贡献中来自人力资本的比例高于劳动力数量的部分，那么就可以认为人力资本红利将能够弥补逐渐消失的人口数量红利，创造新的经济增长动力。

目前我国人口红利结构正在由劳动力型红利升级到人力资本红利

（胡鞍钢、才利民，2011），我国在加大教育力度过程中使人力资本水平得到了快速提高，人口转变将不会使人力资本带来的红利效应消失（高建昆，2012）。虽然生育率的持续走低会使有效劳动力供给在未来急剧减少，但是由于劳动力的技能水平在不断提高，能够通过人力资本投资激发新一轮的红利效应（孙树强，2013）。李德煌和夏恩君（2013）从教育、劳动力再培训、身心健康和劳动力合理流动4个层面构造人力资本综合测量指数，采用扩展的Solow模型估计发现，经济增长的影响因素中劳动力人口数量的作用已经逐渐减弱，而人力资本与技术进步越来越显著。原新和刘厚莲（2014）认为我国正在从人口数量型红利阶段走向结构性人口红利阶段，现阶段主要依赖于人力资本积累和深化劳动力市场等方面的制度改革。Zhang 等（2015）基于中国28个省域的面板数据，考察人口年龄结构转变的经济增长效应发现，人口年龄结构转变对1990—2005年经济增长的贡献率为20%，而其中一半来自工作年龄人口结构的转变，而且其转变过程中会使特定行业的人力资本积累增加及劳动生产率提升，他们还发现，非熟练劳动力向熟练劳动力每转换1个百分点会促进人均产出提高1.43个百分点。

　　钟水映等（2016）通过中国2000—2013年省级面板数据研究发现，保持其他因素不变，提高劳动力受教育水平能够减缓或抵消人口（数量）红利逐渐消失对经济增长的负面影响。张同斌（2016）基于中国地级市面板数据，对"人口数量红利""人力资本红利"对经济社会发展的差异与变动进行分析，认为不断累积的人力资本提升了劳动生产率与整体经济效率，并实现了对经济增长的外部效应，"人力资本红利"正在取代"人口数量红利"，成为经济增长新的动力来源。采用包含人口年龄结构和人力资本结构的经济增长模型，杨成钢和闫东东（2017）基于我国省域面板数据估计发现，人口年龄结构的转变过程中，会形成对人力资本投资率和投资结构的影响，继而产生人口质量红利对人口数量红利的动力转换，1989—2014 年人口质量红利的平均贡献率约为 8.39%，并在 2010 年前后开始明显上升超越人口数量红利的贡献率。综合而言，区别于投资于物的经济驱动模式，人力资本蕴含着更高的生产率和更强的创新精神，我国未来的经济发展应主要依托于人的投资，侧重于劳动者的健康、教育、保障和迁移，充分开发和利用依附于人身上的人力资本。这种投资于人的发展，同时也促进了社会进步和增进人的福利。未来人口战略调整只有充分发挥人力资本红利，才能弥补人口数量红利逐渐减弱后的人口比较优势（任远，2017）。

四、人力资本红利与经济增长研究

人力资本通常被视为竞争力和经济增长的关键决定因素之一。Benhabib 和 Spiegel（1994）采用科布道格拉斯生产函数分析发现，全要素生产率的增长取决于一个国家的人力资本存量水平，人力资本在经济增长过程中发挥着重要作用。Galor 和 Weil（2000）基于统一增长理论分析认为，在现代增长体制下，人口增长缓慢甚至为负，人均收入快速增长，人口规模与平均教育水平的增长促进了技术进步，而且技术进步造成了一种不平衡的状态，提高了对人力资本的回报，促使人力资本替代物质资本，以质量换数量。Bloom 等（2003）将健康和寿命纳入生命周期储蓄模型研究发现，健康人力资本的提升与预期寿命的延长会导致各个年龄段的储蓄率上升，进而能有效推动经济增长。就国家或地区之间而言，Qadri 和 Waheed（2013）基于 2002—2008 年

106 个不同收入水平国家的面板数据，考察人力资本的经济增长效应
发现，人力资本对经济增长的积极作用在加入其他变量时仍然显著，
而且人力资本的回报率因国家收入水平而异，表明其能够解释国家间
的收入差距。Teixerira 和 Queiros（2016）认为人力资本在各国技术进
步过程中发挥着重要作用，通过采用供给与需求的经济增长模型，基
于跨国面板数据研究发现：人力资本和生产专业化是经济增长的关键
因素。时间跨度较长时，发达国家人力资本与经济结构之间具有相
互促进作用，而时间跨度较短时，转型国家和地中海国家人力资本
对这些国家的经济增长虽然比不上发达国家和地区，但是仍有显著
影响。

然而，也有部分学者认为人力资本存在不利于社会经济发展的方
面（如失业、社会不平等），得出了不同的研究结论。Cadil 等（2014）
研究发现，近年来有关欧盟国家失业和增长的统计数据显示，西班
牙、塞浦路斯等国家均具有相对较高的人力资本水平（以受过高等教
育人口的百分比表示），但失业率达到了临界水平，经济增长疲弱。
这表明，人力资本本身似乎并不能保证经济稳定，也不能保证经济从
危机中迅速复苏。因此，人力资本必须与经济发展结构相适应，才能
促进经济增长，否则会产生挤出效应和劳动力市场失衡，可能导致更
高水平的失业。Mestieri 等（2017）利用墨西哥的家庭层面数据，通
过构建一个具有非均质性、不完全市场、世代交叠模型研究发现，内
生人力资本获取是代际持续传递和社会不平等的关键驱动因素，而阻
断这种代际传递将使社会整体福利增加，如收入最高10%的人群占比
将减少47%，使家庭资产和孩子受教育水平的相关性降低28%。综合
而言，人力资本对社会经济发展是产生正面效应还是负面效应，还将

与某些特定的环境因素紧密关联。但是人力资本作为影响社会经济发展的核心因素不容否认，而社会经济制度无疑是关键权变因素。

国内学者关于人力资本红利对促进经济增长的相关研究结论基本一致。王德文等（2004）观测中国及东亚国家经济增长路径发现，人口转变过程中所产生的高储蓄、充足的劳动力人口、较低的抚养负担以及技术进步等均对经济增长具有促进作用。就人力资本的经济贡献而言，罗凯（2006）采取修正的阿罗模型考察我国健康人力资本的经济效应得出，人口预期寿命每增加一年，会相应地带动经济增长 1%—2%。杨建芳等（2006）基于我国 1985—2000 年 29 个省域面板数据，通过构建一个内生增长模型考察教育和健康人力资本的经济增长效应发现，经济增长中教育和健康人力资本积累的贡献率分别为 12.1% 和 4.6%，人力资本积累对经济增长的边际作用高于物质资本。基于经济聚集视角，胡海洋和姚晨（2018）基于我国 2001—2015 年省域面板数据，采用动态面板估计方法（GMM）考察了聚集经济、人力资本等因素对经济增长的影响发现，经济聚集与人力资本均能显著促进经济增长。刘智勇等（2018）以初级人力资本向高级人力资本演进为视角，构建人力资本结构高级化指数，采用动态面板模型分析发现，人力资本能有效推动我国技术结构与产业结构升级，从而推动经济增长，而且人力资本结构高级化对于我国东中西部地区经济发展差距具有更好的解释力。他们认为，缩小地区间在小学、初中、高等教育程度人力资本的差异，将能推动我国经济快速协同发展。

五、人力资本红利的区域分异特征研究

中国经济在取得快速发展的同时区域经济差距也在迅速拉大，人

力资本红利对于我国东、中、西部地区经济增长的影响也存在显著差异。郭志仪和曹建云（2007）采用从业人口的平均受教育水平衡量各地区的人力资本水平，采取岭估计法考察我国改革开放以来人力资本的经济增长效应，发现东部地区人力资本水平及其产出弹性最大，西部地区人力资本存量虽然最小但其对经济增长的边际增长率最高，而且具有较高的区域内部差异。姚先国和张海峰（2008）考察了教育对地区收入差异的影响，发现劳动力受教育程度提高能显著促进地区经济增长，地区教育、人力资本水平或积累率的差异对我国区域经济增长差异解释力有限，仅能解释地区人均产出差异的 12%—47%，资本积累仍然是主要影响因素。吴中伦和陈万明（2010）进一步运用教育年限法和基尼系数法测度了全国教育人力资本水平发现，东、中、西部教育人力资本增长存在明显差异，呈现非均衡性特征，女性教育人力资本和西部各地区教育人力资本投资不足制约着我国总体人力资本水平的提升。

朱承亮（2009）提出人力资本结构的概念，即文盲半文盲、小学、初中、高中和大专及以上教育程度居民占地区 6 岁及以上人口的比重，然后通过对 1998—2008 年的人力资本及其结构进行分析发现，我国人力资本结构虽然在不断优化升级但存在显著的区域差异，受产业结构、产业转移、劳动力流动等因素制约，人力资本结构变化对我国经济增长存在区域差异。王圣元等（2016）采用 2004—2013 年省域数据分析得出，教育人力资本在不同区域对经济增长的作用存在明显差异，各省域应根据自身情况优化人力资本结构，促进低水平人力资本向高水平人力资本转变有利于我国经济持续增长。生延超和周玉姣（2018）基于我国 30 个省域 1998—2014 年面板数据，将人力资本划分为初级、中级、高级三个层级，采用空间探索性分析方法（EDSA）和空间计量分析方法分析发现，人力资本与省域 GDP 存在显著正相关性。对于区域经济增长，高级人力资本作用显著，而初级和中级人力资本的经济增长效应不显著；分别考察不同区域发现，东北部和东部地区经济增长高度依赖于高级人力资本，初级人力资本对中西部地区经济增长更为显著，中级人力资本在各区域均不显著。据此，适宜性人力资本在与区域产业结构及经济发展模式相匹配时才能发挥不同层级人力资本的效能。

综合教育人力资本和健康人力资本，闫淑敏和秦江萍（2002）分别考察教育、科学技术及健康投资对西部地区经济发展的作用特征发现，西部地区普遍较低的人口素质使科技推广受阻，但是健康人力资本对西部地区经济增长的贡献率高于全国平均水平。边雅静和沈利生（2004）也将健康因素纳入人力资本的测度中，将劳动者人数、劳动者的受教育程度和劳动者的健康状况综合成人力资本变量，研究发现，我国西部地区的经济发展过程中，物质资本和人力资本的投资与存量处于双弱态势，西部地区人力资本存量不足是经济大开发最大的掣肘因素。逯进和苏妍（2017）采用 1982—2012 年 31 个省域数据，从人力资本综合指数、脑力素质、身体素质三方面分析发现：全国层面而言，人力资本综合指数能显著促进经济增长，并呈现线性关系。分地区而言，中西部地区脑力素质和身体素质分别对经济增长作用呈现显著的正 U 型和倒 U 型非线性特征，东部地区则不显著。因此，各区域既要注重人力资本脑力素质的积累，亦要关注身体素质的提升，从而形成二者的协同发展，更好地促进经济增长。

六、人力资本红利、就业效应与经济增长研究

劳动力作为人力资本的主要载体，劳动生产率与就业水平的提升均是开发我国人力资本红利的重要途径。在人口结构转变与产业结构优化升级进程中，人力资本水平高低决定着两者之间互动演进的时滞长短、速度快慢与效率高低，进而影响着就业与经济增长水平（徐向龙，2002）。一般而言，拥有更高人力资本水平地区的劳动力在产业间流动性更高，经济资源配置摩擦更小，这将显著推动包括劳动力在内的经济资源生产力与利用效率的提升，带来更高质量的就业与经济发展。若人力资本在数量、结构和类型上与产业结构调整不相匹配，劳动力将无法顺利实现转移，如程名望和史清华（2007）研究发现，城市化推进及产业升级过程中，工业发展对农村剩余劳动力的吸纳能力有限，主要原因在于农村劳动力的人力资本水平相对较低。因此，努力提升人力资本水平，有效发挥人力资本红利，才是解决我国就业问题、推动经济增长的关键。

Simon（1988）采用1940—1986年美国城市数据较早研究了人力资本与就业的正向关系，发现人力资本是城市就业差异的主要影响因素，两者之间存在长期稳定的关系，而且存在城市间的溢出效应。范勇（2010）以教育年数衡量人力资本，采用我国1978—2007年时间序列数据分析发现，人力资本能显著促进地区就业水平提升，而技术进步会产生挤出效应。李德洗和席桂萍（2011）以河南省农民工就业数据为基础，考察人力资本的就业效应发现，农村基础教育与农民工技能培训是促进农民就业的重要途径。林竹（2011）认为加强人力资本与社会资本、心理资本的协同关系，对于在就业部门和职业层次上处于明显弱势地位的农民就业有显著促进作用。与上述研究不同，黄

斌和徐彩群（2013）基于浙江、安徽、陕西三省农村住户调查数据研究发现：后义务教育能显著提升农民非农就业水平，义务教育的这一作用不显著；在提升非农就业和收入水平方面，职业技术培训有积极作用；人力资本投资对于完全从事农业的劳动者增收效应不显著，而对混合就业和非农就业劳动者收入有显著的促进作用。进一步地，景光仪（2012）发现过度的教育投资将不利于就业，如高等教育扩招导致主要劳动力市场就业竞争加剧，而次要劳动力市场就业供给不足。据此，加大城市人力资本投资的同时，需发挥好人力资本的传导机制，最终实现其与产业结构升级、城市就业的良性循环（董芳等，2014）。

　　上述研究充分论证了教育人力资本投资对就业有重要影响。然而，仅用教育这一单一变量来衡量人力资本投资水平，而缺少人力资本另一核心因素——健康人力资本，并不能完全彰显人力资本的就业红利。劳动者健康不仅是个人正常生活的保障，而且关乎就业、影响收入。曹乾和杜雯雯（2010）基于2006年中国9个省域2721个18—65岁年龄段的CHNS微观调查样本，考察健康人力资本的就业效应和收入效应发现，健康人力资本对劳动者就业和收入均有重要影响，尤其是对劳动者就业有显著的促进作用。秦立建等（2012）基于2003—2007年农村固定观察点的追踪调查样本，采用Heckman模型估计发现，农村劳动力上一期的健康状况降低将对下一期的外出务工时间产生显著的负面效应。健康人力资本不仅决定着劳动者自身的就业水平，还会对家庭其他成员就业产生连带效应。孙顶强和冯紫曦（2015）基于江苏省651名农村劳动力的调查数据，构建农村家庭劳动时间分配模型考察健康人力资本就业效应发现，劳动力健康状况下降不仅对自身就业产生负面效应，还将降低所在家庭其他劳动力的劳动时间供给。以家庭为单位看，家庭成员健康的比例越高，其他具有劳动能力的成员参与非农就业的概率也相应越高。陈国生等（2015）从教育、健康和迁移人力资本投资三方面考察对农村非农就业的影响发现，健康人力资本投资对农村非农就业概率的边际提升作用最大，迁移人力资本投资作用最小。上述研究证实了人力资本不仅会对劳动者收入产生显著影响，还将在人力资本提升的过程中促进就业，形成人力资本的就业红利。

七、人力资本红利的空间溢出效应研究

人力资本红利的空间效应究竟以何种形态展现，对经济增长的贡献大小如何观测？借助于地理信息技术和空间计量方法，Lopez 等（2004）、Moreno 等（2005）把"地理距离"①以权重形式引入模型，研究了 1980—1996 年、1978—1997 年欧洲各地区教育人力资本聚集的空间作用特征，发现中心地区对外围地区的影响以扩散效应为主导形式呈现。Rosenthal 和 Strange（2008）基于美国 2000 年人口普查数据，采用差分法和工具变量法处理工资—集聚关系的内生性，对人力资本集聚与人力资本接近度与工资的关系进行了估计。研究发现：就业的空间集中度在五英里内与工资呈现空间正相关，邻近地区受过高等教育劳动者增加时，会显著推动本地区工资增长，呈现出人力资本的空间扩散效应。Fischer（2011）以受教育劳动年龄人口占比作为人力资本代理变量，基于 1995—2004 年欧洲 22 个国家 198 个地区数据，通

---

① 　地理距离：指地理单元质心坐标之间的弧度距离。

过扩展 Mankiw-Romer-Weil（MRW）模型分析发现，人力资本对经济增长的空间溢出效应为负向影响，但不显著。

考虑到人力资本聚集空间效应不只表现为地理距离上的相关性，更可能取决于人力资本在地区间流动的主要依赖路径，魏下海（2012）基于 1990—2007 年省域面板数据，采用 Benhabib-Spiegel 的空间扩展模型，在传统地理距离权重矩阵和二进制（0—1）权重矩阵的基础上进一步纳入省域间人均 GDP 差异作为"经济距离"，分析我国人力资本对省际全要素生产率（TFP）的空间效应，研究发现，三种矩阵情况下均呈现人力资本对 TFP 的正向空间效应。进一步考察教育人力资本的异质性特征发现，中小学教育对 TFP 的空间效应为正，即呈现空间扩散效应，而高等教育人力资本则对 TFP 的空间效应为负，即呈现空间虹吸效应。因此在制定教育人力资本投资策略时，应充分考虑空间关联与互动，推动我国区域经济均衡发展。

基于空间动态 GMM 估计方法，骆永民和樊丽明（2014）利用 2001—2011 年 30 个省域面板数据，选取地区平均受教育年限作为农村人力资本的代理变量，采取空间 GMM 模型考察其对农民工资性收入和非工资性收入的影响发现，农村人力资本对本省农民的工资性收入和非工资性收入均显著为正。空间视域上，农村人力资本对两类收入的影响均显著为负，表现为空间竞争或虹吸效应。对于西部落后省份，农村人力资本的增收效应随着经济环境的改善有所下降，而对于东中部地区则会呈现上升趋势。方超和罗英姿（2016）基于 1996—2013 年省域数据，采用空间 GMM 工具变量法研究我国教育人力资本的空间溢出效应发现，我国人力资本表现为地理空间上高—高或低—低聚集的态势，具有较强的空间自相关特征，全域空间自相关指数位于 0.2—0.35。进行空间计量回归估计结果显示，教育人力资本对经济增长具有显著的空间扩散效应，空间溢出项的弹性产出为 0.056。潘文卿（2019）采用我国 30 个省域 1998—2010 年的面板数据分析发现，我国省域间存在显著的知识溢出效应，并高于来自国外的知识溢出，而且这一效应会通过地区人力资本水平的提高得到增强，从而有利于吸收国外高新技术，促进本地区劳动生产率提升。

进一步地，舒尔茨构建人力资本理论体系时指出，人力资本具有异质性，主要由教育和健康共同形成（Schultz, 1961），因而对人力资本研究不应仅关注教育人力资本而忽略健康人力资本聚集的空间效应。高远东和花拥军（2012）基于 1991—2010 年 27 个省域数据，采取四类异质性人力资本，包括基础人力资本（人均医疗保健支出指数）、知识人力资本、技能人力资本和制度人力资本，分别构建了卢卡斯、尼尔森—菲尔普斯及其联合模型的空间拓展形式研究发现，基础人力资本和知识人力资本能显著促进经济增长，而技能与制度型人力资本的经济增长效应不显著，其中知识人力资本的边际效应最高。空间维度上，各类型人力资本均呈现空间正相关特点，并呈现对邻近省域经济增长显著的促进作用，即空间扩散效应。

关于人力资本对经济增长在不同区域的空间溢出效应也会有所差异。陈得文和苗建军（2012）基于我国 1995—2001 年省域面板数据，采用空间过滤模型考察人力资本对经济增长的空间溢出效应发现，东部地区人力资本集聚效应最明显，中部地区次之，西部地区最弱，但均能呈现人力资本的空间扩散效应。逯进等（2017）基于 1982—2011 年省域面板数据，通过构建教育和健康人力资本及其综合指数，分别考察人力资本聚集的空间效应发现，省域间人力资本与经济增长均呈现相似地区相互聚集的特点，空间上总体呈现高—高或低—低聚集的态势，东、中、西部地区分别为热点区域、空心区域、萧条区域。通过构建卢卡斯的空间拓展模型分析发现，东、中、部地区人力资本对经济增长的空间效应多显著为正，安徽、河南未通过显著性检验；西部地区贵州、西藏、青海、宁夏、新疆五省的人力资本综合指数的空间溢出效应为负值或未通过显著性检验。

很显然，既有研究并未形成一致结论。究其原因，一是空间权重矩阵判别标准以及人力资本衡量指标的选择具有较大差异；二是选择样本具有时间差异，不同经济发展阶段和政策导向将引致人力资本对经济增长在空间上呈现不同作用形式；三是忽视了"空间距离"这一扰动因素对人力资本空间效应符号（作用形式）和大小的影响，导致空间效应的测度方法存在表明上分歧。其实，人力资本集聚是和距离相关的概念，它等同于近距离的收敛和远距离的分化（符淼，2009）。因此，研究人力资本聚集空间效应时应考虑其随距离变化的规律，但现有研究多关注人力资本在相邻地区之间的交互作用，而对远距离的非相邻地区的直接效应考虑不足，尤其在当前中国高铁网络加速完善、空间距离持续缩短以及全国市场明显一体化趋势下（赵奇伟、熊性美，2009；于洋，2013），有必要进一步考察人力资本聚集对经济增长的空间溢出效应随距离的变动规律。

潘文卿（2012）和 Bai 等（2012）从全域和局域两个层面考察中国区域经济关联与增长的空间效应，发现中国各省人均 GDP 在 3000千米之内表现为正向关联，之外则呈现负向关联，表明特定距离能够决定空间效应是以虹吸效应还是扩散效应为主导形式呈现。类似研究发现，我国各省域间技术的空间扩散效应具有随距离衰减的特征（舒元、才国伟，2007；符森，2009），或者具有局域空间上的"涟漪效应"①（高鸣、宋洪远，2014）。然而，人力资本具有自身特性，其空间流动与聚集或许不同于技术的单向溢出和梯度转移，其作用形式在"空间距离"的影响下呈现何种变动规律？人力资本对经济增长的空间作用特征究竟是怎样的？不同类型的人力资本对经济增长影响的显著性和空间效应是否存在显著差异？其是否存在时间趋势效应？这些问题的解决对于人力资本作用的发挥、人力资本结构优化、不同类型人力资本空间投资策略的权衡等具有重要意义。

首先，本章界定并区分了人力资本红利相关概念，阐述了构建人力资本红利形成的基础理论，包括人力资本理论、人口转变理论与新经济地理学"中心—外围"理论。其次，从我国人口数量红利的期限出发，综述了现有研究关于人口数量红利窗口期的相关争论，可以确定的是，这一窗口期正在变窄。在我国人口年龄结构转变的过程中，无论是从个人还是家庭层面，或是从劳动力市场层面都将基于理性预期产生人力资本积累效应，这为我国进一步实现人力资本红利奠定了基础。最后，梳理了从人口数量红利向人力资本红利转变的相关研究，多数研究认为，人力资本红利可以支撑人口数量红利逐步减弱后的人口比较优势，使我国经济发展实现动力转换，形成持久发展的良好局面。然而，人力资本对于经济增长的促进作用会因为人力资本本身的异质性形成差异，应进一步区分健康人力资本和教育人力资本对经济

---

① 传统经济学指出"涟漪效应"是技术推广和经济溢出在扩散过程中的一个弱化现象；但高鸣和宋洪远（2014）发现农业技术扩散的过程中，不仅不会弱化，反而能形成规模效应，范围越小，规模效应更明显，这也进一步修正了涟漪效应在技术推广领域的运用。

增长的贡献，而且空间视域下东、中、西部地区形成的人力资本红利也将因各地区的人口、经济发展状况产生差异，因而有必要将其进行比较分析。此外，我国各区域经济发展以及人力资本的空间流动与聚集效应将会使各地区人力资本红利形成空间关联效应，而既有研究多是从地域性视角进行的人力资本红利研究，较少有学者关注人力资本对经济增长的空间溢出效应及其随距离的空间变动规律和时间趋势效应。本书将在既有研究的基础上进一步从时间和空间两个维度对我国人力资本红利形成机理进行系统性阐述，并通过实证研究对各形成机理予以回应，从而找出我国人力资本红利价值开发的战略措施和引导机制，扩大我国人力资本红利。

第三章　中国人力资本发展状况及空间分布关联

第一节　中国人力资本发展状况

一、中国教育人力资本发展状况

（一）地区平均受教育年限变化特征

关于地区人力资本存量的计算，既往研究提出了成本法、收入法以及教育指标法等。其中，Barro 和 Lee（1993）提出的以受教育年限为载体测算人力资本的方法应用最为普遍，其假设前提是，受教育年限越长，劳动力工作技能越熟练，人力资本水平越高。本书采取接受正规教育的年限作为衡量人力资本水平的指标，使用地区平均受教育年限进行衡量，具体参考姚先国和张海峰（2008）、骆永民和樊丽明（2014）等学者的数据处理方法，将我国 6 岁以上人口接受教育的层次划分为文盲或半文盲、小学、初中、高中、大专及以上教育 5 个层次，各层次人口占 6 岁以上人口的比重分别设定为 h1、h2、h3、h4、h5，将各层次接受教育程度的权重分别设定为 1 年、6 年、9 年、12 年、17 年。需要说明的是，将大专以上学历采用 17 年是因为大专以上学历人口中涵盖本科学历、硕士、博士研究生学历人口，而且这些人口参加各种培训、自学考试以及自我学习的经历会高于其他学历人口，故在大专教育 15 年的基础上增加了 2 年，这样处理好处在于，可以拉大地区间人力资本差异，以便得到更明确的结论。具体计算公式为：

$$H = \sum_{i=1}^{n} p_i h_i \qquad （3-1）$$

式（3-1）为地区平均受教育年限的计算公式，其中 i 代表不同水平的受教育程度，且 $n=5$，即将受教育程度分为五类，p_i 为各类受教育程度人口占总人口的比重，而 h_i 则为各类受教育程度的平均受教育年限。此外，本章图表数据主要选择于 2002—2017 年《中国统计年鉴》。需要说明的是，我国在 2001 年《国民经济和社会发展第十个五年计划人口、就业和社会保障重点专项规划》提出，将逐步取消各类限制劳动力流动的政策规定，以及受加入 WTO 后市场开放力度逐步加大等影响。从 2001 年开始，我国省域间人力资本对经济增长的空间溢出效应通过劳动力大规模流动而凸显。研究显示，相对于"五普"数据，2005 年抽样调查的全国流动人口、跨省流动人口分别增长 2.9% 和 19.5%，2010 年相对 2005 年抽样调查的增长率更是分别高达 75.7% 和 70%（孙祥栋、王涵，2016），因而以 2001 年为基年观测人力资本的空间效应具有合理性。

图 3-1 显示，2001—2016 年各区域平均受教育年限呈现稳步上升趋势，2016 年全国平均受教育年限为 9.30 年。东、中、西部地区由 2001 年的 8.37 年、7.91 年、6.93 年分别上升到 2016 年的 10.07 年、9.34 年、8.58 年，年均增长率分别为 1.27%、1.13%、1.49%。西部地区人口平均受教育年限虽然长期落后于东、中部地区，但是从增长率来看，要高于东、中部地区。表明我国区域性人口受教育水平差距呈

现逐渐减小的趋势，这主要归因于我国近年来推行公共服务均等化策略，教育资源向西部地区适度倾斜，使西部地区人口平均受教育水平增长速度更快。

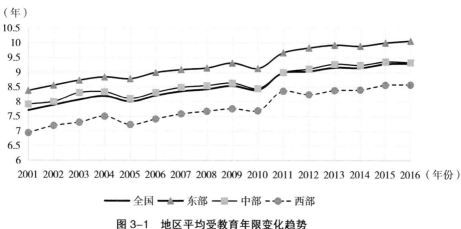

图 3-1　地区平均受教育年限变化趋势

图片来源：根据《中国统计年鉴》数据自绘（下同）。

（二）高技能劳动力占比变化特征

图 3-2 描绘了 2001—2016 年各区域 6 岁以上人口中大专及以上人口（接受过专业化训练的人口）占比变化趋势，结果表明，东部地区呈现快速增长态势，2016 年 6 岁以上人口中大专以上人口占比为 18.96%，而中、西部地区均低于全国平均水平（13.96%），分别为 11.63% 和 10.93%，但仍然呈现稳步上升趋势，西部地区多数年份略低于中部地区。从增长速度看，中西部地区 2001—2016 年 6 岁以上人口中大专以上人口占比年均增长速度分别为 0.50% 和 0.48%，远低于东部地区的 0.79%，这主要是因为东部地区对中西部地区高技能劳动力人口存在长期的虹吸效应，使东部地区高技能劳动力增速明显高于中西部地区。

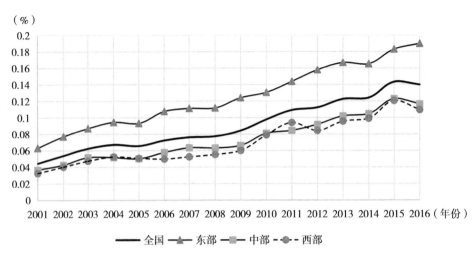

图 3-2　各地区 6 岁以上人口中大专及以上人口占比变化趋势

（三）教育人力资本分布结构变化特征

人力资本分布结构主要用于考察我国各地区人口受教育程度的均等化程度。计算人力资本结构系数使用 Thomas 等（2001）基于受教育年限提出的教育基尼系数，该方法基于平均受教育年限，测算方法如式（3-2）所示：

$$G^H = \frac{1}{H} \sum_{i=2}^{n} \sum_{j=1}^{i-1} \left| h_i - h_j \right| p_i p_j \qquad （3-2）$$

其中，各指标的含义与式（3-1）相同。教育基尼系数取值在 0—1 范围，越接近于 1 表明受教育程度分布越不均衡；若越接近于 0，则表明均衡程度越高。图 3-3 结果显示，西部地区基尼系数最高，2016 年为 0.254，但是相对于 2001 年的 0.274 有所改善，表明西部地区在地区平均受教育年限得以提升的同时，人口受教育程度分布均衡性也得到了显著改善。中部地区受教育程度人口分布均衡性呈现平稳发展态势，波动范围较小，2001 年、2016 年分别为 0.212、0.211。值得注意的是，东部地区基尼系数略高于中部地区，这主要归因于近年来人口流动规模的不断扩大，使东部地区受教育程度人口分布不再呈现自然的地域性发展结构，东部地区长期的劳动力净流入特征，尤其对于高技能人才的吸纳，使分布均衡性发生了较大改变，高技能劳动力占比明显提高。

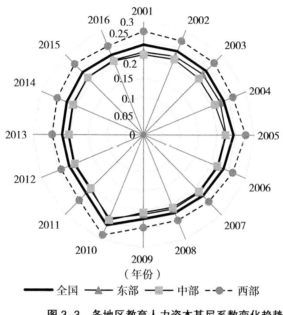

图3-3 各地区教育人力资本基尼系数变化趋势

二、中国健康人力资本发展状况

（一）地区每万人床位数变化特征

关于地区健康人力资本测算，既往研究使用较多的为地区死亡率、存活率或预期寿命等，也有研究将衡量地区健康人力资本投资的指标作为代理变量，如地区每万人床位数、医疗技术人员数等。这里借鉴王弟海等（2008）的处理方式，假设地区的健康水平主要取决于健康投资，将医院、卫生院床位数与年末常住人口数的比值，即每万人医院、卫生院床位数作为健康人力资本的代理变量。图 3-4 显示，我国健康医疗水平呈现稳步上升的态势，地区每万人床位数从 2001年的 27.80 张上升到 2016 年的 53.59 张。从区域分异特征看，中西部地区增速要高于东部地区，2001—2016 年东、中、西部地区每万人床位数年均增长率分别为 3.39%、6.88%、7.98%。2011 年开始，西部地区每万人床位数超过东部地区，并保持领先趋势。2016 年东、中、西部地区每万人床位数分别为 50.51 张、54.27 张、55.96 张。可能原因是，"十一五"（2006—2010 年）期间推进基本公共服务均等化被提升至突出的战略位置，以及党的十七大报告提出的"缩小区域发展差距，必须注重实现基本公共服务均等化"等明确要求，使我国医疗资源适度向中西部地区投资倾斜，空间分布格局由此发生了较大变化，中西部地区医疗水平得到大幅提升。

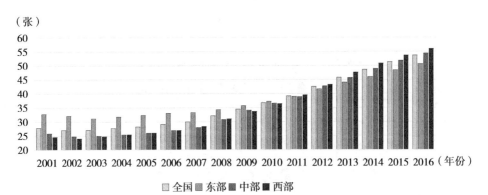

图 3-4　各地区每万人床位数变化趋势①

---

① 图片数据来源于 2002—2017 年《中国卫生统计年鉴》。

（二）地区死亡率变化特征

图 3-5 显示，2001—2016 年各区域平均死亡率[①]呈现波动状态，相对而言，东部地区死亡率一直处于较低水平。从中、西部地区看，2007 年前，西部地区平均死亡率处于区域最高水平，2007 年后，中部地区死亡率开始高于西部地区，并始终处于较高水平。西部地区平均死亡率 2012 年开始逐渐低于全国平均水平，2016 年东、中、西部地区平均死亡率分别为 5.92‰、6.37‰、6.00‰。结合图 3-4 可知，国家医疗健康资本向西部地区倾斜的投资策略对西部地区健康人力资本水平具有显著的提升作用。

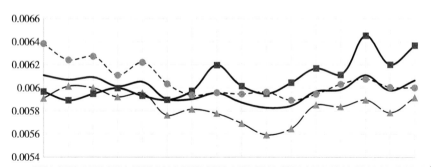

图 3-5　各地区平均死亡率变化趋势

（三）健康人力资本流动结构变化特征

人力资本流动结构主要用于衡量人力资本在地区间的配置模式，是否可以通过调整人力资本流动结构来提升人力资本的生产效率，用

---

① 各地区在一定时期（本书为一年）内死亡人数与同期人口数量的比值，单位：‰。

人力资本流动系数来衡量。式（3-3）为健康人力资本流动系数 FH_i，其中 H_i 代表地区 i 的健康人力资本投入（地区每万人床位数），而分母为该地区产出（GDP）Y_i 占总产出 Y 的比重。健康人力资本流动系数衡量的是该地区获得的健康人力资本投入与其对国民经济总产出的贡献是否匹配。因此，FH_i 越接近于 1 越好，若 FH_i 大于 1 则说明该地区的健康人力资本投入过高；而 FH_i 小于 1 则表示该地区健康人力资本投资较少，需要加大健康人力资本投入。可根据健康人力资本流动系数 FH_i 是否向 1 趋近及趋近的速率判断某一地区的健康人力资本流动是否有利于提高其生产效率。

$$FH_i = \frac{H_i / \sum_{i=1}^{n} H_i}{Y_i / \sum_{i=1}^{n} Y_i} \tag{3-3}$$

图 3-6 显示，中部地区医疗健康资源流动结构处于较好水平，接近于 1，西部地区健康人力资本流动系数大于 2，表明与经济贡献相比，健康资本投资处于相对较高水平。东部地区健康人力资本流动系数小于 1，依据其经济贡献看，健康资本投资处于较低水平，近年来一直呈现下降趋势，2016 年降至 0.594。表明了我国经济发展和健康资本投资呈现新的不平衡问题，西部地区还具有很大的经济增长空间以匹配其健康资本投资现状，未来健康资本投资需更加注重投资效率，提高健康人力资本的边际产出才是缩小区域经济发展差距的有效途径。

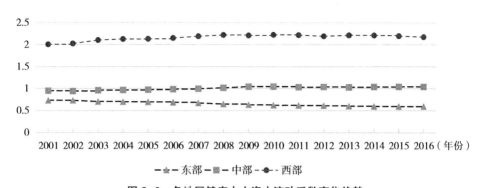

图3-6　各地区健康人力资本流动系数变化趋势

第二节　中国人力资本空间分布特征

一、中国教育人力资本空间分布特征

结合2016年地区平均受教育年限与各省域总抚养比空间分布特征①可知，地区平均受教育年限呈现由东北向西南梯次递减的趋势，而总抚养比呈现由东北向西南梯次递增的趋势，总体呈现反向变动趋势，即地区抚养比越高的地区平均受教育年限越低。2016年地区抚养最高的5个省域分别是贵州（46.83%）、广西（45.03%）、河南（44.64%）、江西（44.55%）、湖南（43.04%），其对应的平均受教育年限均位于全国相对较低水平，分别为7.95年、8.89年、8.95年、8.89年、9.51年。说明地区教育人力资本的提升会受到地区较高抚养比的制约，同时也表明，东部地区低抚养比所形成的有利于人力资本投资的"行为效应"创造了"人力资本红利"。地区劳动力数量减少的地区可以用人力资本红利发展来弥补数量红利的削减，不必过于担忧未

---

① 地区间相邻信息根据国家地理信息系统网站提供的1：400万电子地图得到。本章节图片结合各年《中国统计年鉴》数据与ArcGis10.2软件绘制。

来人口数量红利减弱对经济发展所造成的负面影响。

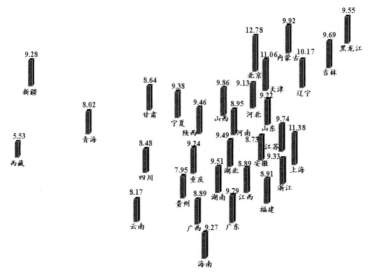

图 3-7　2016 年各地区平均受教育年限（年）

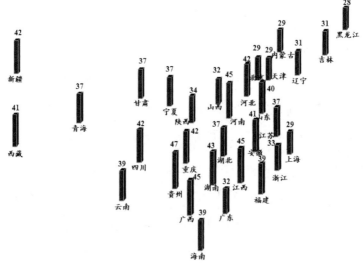

图 3-8　2016 年各地区总抚养比（％）

基于 2016 年相对于 2015 年的 15-64 岁劳动力人口净增加数量的特征（如图 3-9 所示）可知，虽然中国整体劳动力数量呈现下降趋势，但是从空间视域分析可以发现，这一现象主要出现于东部和少数中西部省域，并且呈现出空间聚集的分布特征。2016 年相对于 2015 年劳动力数量呈现减少态势的有 13 个，而其中减少数量超过 30 万以上的省域为江苏（-669756）、河北（-423467）、福建（-401675）、北京（-398301）、吉林（-345352）、黑龙江（-343808）。这些省域基本位于我国东部沿海地区。然而，短期劳动力人口比例难以增加的情形下，可以通过合理的人口流动政策缓解人口数量净减少地区的劳动力不足问题，实现更优的人力资本空间配置。同时，东部地区产业结构优势更为明显，未来对低技能劳动力的需求规模将呈现减少趋势，积极利用东部地区高技能劳动力流入带来的人力资本聚集优势，有效发挥人力资本红利，才是这些地区经济长期保持高质量增长的决定性因素。

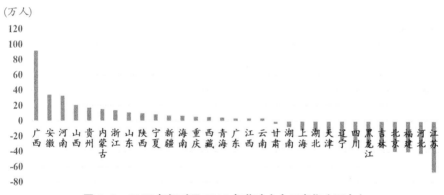

图 3-9　2016 年相对于 2015 年劳动力人口变化（万人）

虽然部分东部省域劳动力人口比例呈现减少趋势，但是通过图 3-10 可以发现，2001—2016 年东部各省域高技能劳动力比例具有更快的上升趋势，呈现由西到东梯次递增的态势。相对于 2001 年，东部沿海多数省份大专及以上受教育人口增加了约 3 倍，如上海（0.114、

0.300）、天津（0.094、0.256）、辽宁（0.065、0.180）、江苏（0.041、0.166）、浙江（0.034、0.152）。这一方面归因于我国高等教育的扩招，另一方面归因于东部地区长期的"教育抽水机"现象。东部地区更快的经济发展速度、更高的工资水平形成的循环累积效应，持续吸纳了大量的高人力资本劳动力聚集，在一定程度上解释了东部地区能够保持经济高速增长的原因。

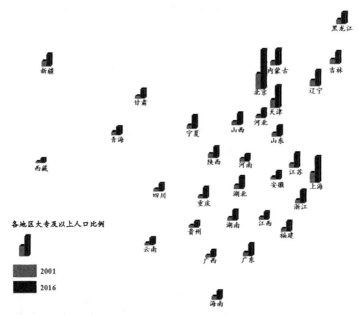

图 3-10　各地区大专及以上受教育人口比例变化地图

各地区教育基尼系数从西到东呈现梯次递减态势（如图 3-11 所示），西部地区如西藏（0.454、0.427）、青海（0.351、0.282）、甘肃（0.297、0.255）、贵州（0.277、0.254）、云南（0.267、0.247）等处于较高水平，即该地区人口受教育分布均衡性水平较低，但是 2001—2016 年呈现下降趋势，表明人口受教育分布均衡性水平有所改善。然而，东部沿海地区教育基尼系数虽然相对较低，人口受教育分布均衡

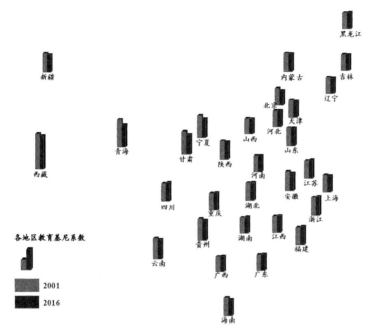

图 3-11　各地区教育基尼系数变化地图

性水平相对更优，但是江苏（0.224、0.234）、福建（0.224、0.238）、浙江（0.232、0.243）等少数省域 2001—2016 年却呈现升高趋势，这主要是因为东部地区吸纳了大量的大专及以上教育人口聚集所致。

二、中国健康人力资本空间分布特征

图 3-12 为各省域 2016 年死亡率分级图，可以看出，死亡率较高的地区主要集中于中西部或人口较多的省域，其中，重庆（7.24‰）、河南（7.11‰）、山东（7.05‰）、江苏（7.03‰）、湖南（7.01‰）为死亡率最高的 5 个地区。地区死亡率与医疗水平密切相关，进一步结合 2001 年各地区每万人床位数（见图 3-13）可以发现，地区死亡率较高地区与前期的健康医疗水平普遍较低有紧密联系，地区每万

人床位数最低的五个地区分别是贵州（15.53）、广西（18.38）、安徽（19.75）、河南（20.93）、重庆（20.98）。综合而言，地区健康人力资本水平呈现相似地区相互聚集的空间分布特征。

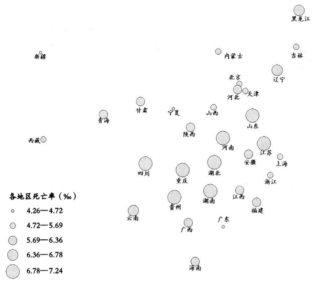

图 3-12　2016 年各地区死亡率分级图

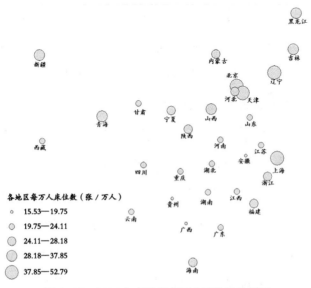

图 3-13　2001 年各地区每万人床位数分级图

　　图 3-14 展示了 2001—2016 年各地区每万人床位数变化特征。16
年间，中西部地区医疗健康资本水平得到了大幅提升，整体呈现均衡
分布的发展态势，空间格局发生了较大改变。2001 年地区每万人床位
数最高的 5 个地区分别是北京（52.78）、上海（48.95）、辽宁（44.83）、
天津（41.83）、新疆（37.85），而 2016 年各地区每万人床位数最高的
5 个地区均位于中西部地区，分别为新疆（65.43）、辽宁（64.96）、四
川（62.84）、重庆（62.61）、湖南（62.41）。表明近年来推行的公共
服务均等化政策得到了较好的落实，中西部地区医疗资源得到了显著
改善。

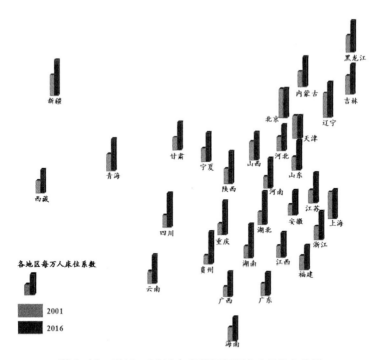

图 3-14　2001—2016 年各地区每万人床位数变化图

第三节　中国人力资本空间相关性分析

一、中国人力资本空间自相关分析

从全域范围内考察中国各省域人力资本的空间自相关性，一般是通过测算 Moran's I 指数来进行检验的。Moran's I 指数计算公式（Anselin, 1995）如下：

$$I = \frac{n\sum_{i=1}^{n}\sum_{j=1}^{n}w_{ij}(x_i-\bar{x})(x_j-\bar{x})}{\sum_{i=1}^{n}\sum_{j=1}^{n}w_{ij}\sum_{i=1}^{n}(x_i-\bar{x})^2} = \frac{\sum_{i=1}^{n}\sum_{j=1}^{n}w_{ij}(x_i-\bar{x})(x_j-\bar{x})}{S^2\sum_{i=1}^{n}\sum_{j=1}^{n}w_{ij}} \quad (3-4)$$

其中，I 即 Moran's I 指数；x_i 是指省域 i 的观测值，这里为省域教育或健康人力资本水平；n 为省域个数，w_{ij} 是空间权重矩阵元素；$S^2 = \frac{1}{n}\sum_{i}^{n}(x_i-\bar{x})^2$，$\bar{x} = \frac{1}{n}\sum_{i=1}^{n}x_i$。Moran 指数 I 取值区间为 $[-1,1]$，等于 0 表示空间不相关，呈现出随机分布态势；$[-1,0)$ 表示空间负相关，呈现空间异质性；$(0,1]$ 表示空间正相关，呈现空间同质性。

判别各省域地理连接方式的标准一般包括：基于空间相邻和基于距离的标准，其对应的空间权重矩阵表达式可以表示如下：

$$W = \begin{bmatrix} w_{11} & w_{12} & \cdots & w_{1n} \\ w_{21} & w_{22} & \cdots & w_{2n} \\ \vdots & \vdots & \vdots & \vdots \\ w_{m1} & w_{m2} & \cdots & w_{mn} \end{bmatrix} \quad (3-5)$$

这里主要考察相邻地区人力资本的空间聚集特征，权重矩阵基于 *Queen* 规则进行设置，即拥有共同边界和顶点的省域间，矩阵元素 w_{ij} 取值为 1，否则取值为 0，并对权值矩阵进行行标准化处理。进一步地，为了较为清晰地考察各省域间人力资本水平的局域相关性，一般会配合使用局域 Moran 指数和 Moran 散点图共同描述（Anselin, 1996）。Moran 散点图是基于局部 Moran 指数得到的，用于研究局部空间的异质性。该图绘制于笛卡尔坐标系中，横轴为观察的地区 i 的某变量标准化后的值，记为 Z_i，纵轴为 $\sum w_{ij}^* Z_j$，即与观察的中心地区 i 的相邻区域对应变量值的加权平均值，被称为区域对应变量的空间滞后变量。坐标系中的四个象限对应着各地区的局部空间联系，分别为：

$$\begin{cases} Z_i > 0, \sum w_{ij}^* Z_j > 0(+,+), \text{第一象限，高—高聚集（H–H）} \\ Z_i < 0, \sum w_{ij}^* Z_j > 0(-,+), \text{第二象限，低—高聚集（L–H）} \\ Z_i < 0, \sum w_{ij}^* Z_j < 0(-,-), \text{第三象限，低—低聚集（L–L）} \\ Z_i > 0, \sum w_{ij}^* Z_j < 0(+,-), \text{第四象限，高—低聚集（H–L）} \end{cases} \quad (3-6)$$

式（3–6）中，位于 Moran 散点图第　、第二象限的地区具有较大、较小的观测值，并且空间邻近的地区也具有较大、较小的观测值，此类地区被称为高—高（H—H）或低—低（L—L）型聚集区域；这两个象限内的地区呈现空间正相关性，即同质性。位于 Moran 散点图第一、第三象限的地区具有较大、较小的观测值，并且空间邻近的地区却具有较小、较大的观测值，此类地区被称为高—低（H—L）或低—高（L—H）型聚集区域；这两个象限内的地区呈现空间负相关性，即异质性。

（一）中国教育人力资本的空间自相关分析

图 3–15 和图 3–16（R3.2.0 软件绘制）以地区平均受教育年限变量描述了 2001—2016 年教育人力资本空间自相关性及变化特征。从全局空间看，2001 年、2016 年 Moran 指数分别为 0.3568 和 0.3546，16 年间没有发生明显改变，局域空间呈现高—高聚集或低—低聚集特征，即教育水平较高（低）的地区被同是教育水平较高（低）的地区

围绕，例如，天津的相邻地区北京、河北的平均受教育年限的加权平均值仍处于较高水平，而青海的相邻地区四川、甘肃、新疆、西藏四个地区的平均受教育年限的加权平均值处于较低水平。

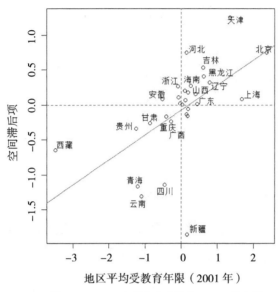

图 3-15　2001 年教育人力资本 Moran 散点图

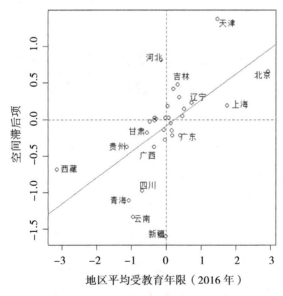

图 3-16　2016 年教育人力资本 Moran 散点图

（二）中国健康人力资本的空间自相关分析

图 3-17 和图 3-18 以地区每万人床位数变量描述了 2001—2016 年健康人力资本空间自相关性及变化特征。全局空间看，Moran 指数

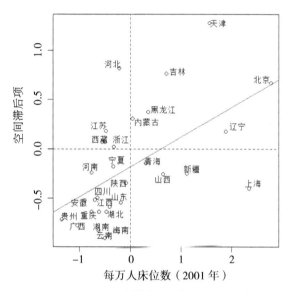

图 3-17　2001 年健康人力资本 Moran 散点图

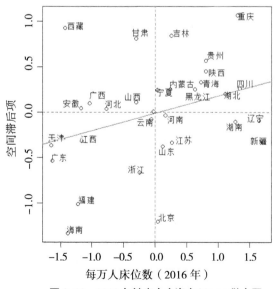

图 3-18　2016 年健康人力资本 Moran 散点图

期初和期末均为正，局域空间呈现高—高聚集或低—低聚集特征，但是 Moran 指数从 2001 年的 0.3013 降低到 2016 年的 0.1915，空间正相关性呈现减少趋势，表明健康人力资本水平较低地区发展聚集的特征得到了显著改善，发展平衡性水平呈现增加趋势。

二、中国人力资本与人均 GDP 双变量空间相关性分析

在考察省域人力资本聚集对经济增长的空间效应时，本节先对本省经济水平与邻省人力资本水平的空间（全域与局域）相关性特征进行初步检验，以说明纳入人力资本空间溢出项或滞后项的合理性。这里先通过测算双变量全域 Moran 指数（Anselin et al., 2002），对本省实际人均 GDP（2016 年省域实际人均 GDP 以 2001 年为基期，通过 GDP 指数计算得到）与邻省人力资本水平进行空间相关性检验，表达式如下：

$$I_{ph}^i = \frac{(p_i - \overline{p})}{\sigma_p} \sum_{j=1}^{n} w_{ij}(h_j - \overline{h}) / \sigma_h \qquad (3-7)$$

其中：I_{ph}^i 表示 i 省实际人均 GDP 与邻省人力资本的 Moran 相关性指数，p_i 为省域 i 的实际人均 GDP 测量值，h_j 为省域 j 的人力资本水平测量值，w_{ij} 为空间权重矩阵元素，$\overline{p}$、$\overline{h}$ 分别为省域实际人均 GDP、人力资本测量值的均值，σ_p、σ_h 为方差。

（一）中国教育人力资本与人均 GDP 的空间相关性分析

图 3-19 描述了 2001—2016 年省域实际人均 GDP 与邻省教育人力资本（图中以地区平均受教育年限表示）的空间相关性及变化特征。全局空间上呈现正相关性，表明相邻省域教育人力资本加权平均值增加，将对本省经济增长产生了扩散带动作用，Moran 指数从 0.2755 增加到 2016 年的 0.3013，表明我国教育人力资本对经济增长的空间扩散效应随时间推移呈现增强态势。

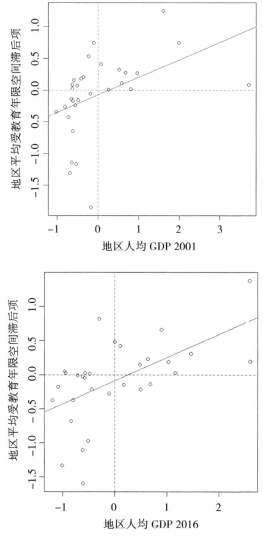

图 3-19　2001—2016 年省域实际人均 GDP 与邻省教育人力资本双变量 Moran 散点图

（二）中国健康人力资本与人均 GDP 的空间相关性分析

图 3-20 描述了 2001—2016 年省域实际人均 GDP 与邻省健康人力资本的空间相关性及变化特征。全局空间上，2001 年呈现正相关性，而 2016 年呈现负相关性。表明相邻省域健康人力资本加权平均值增

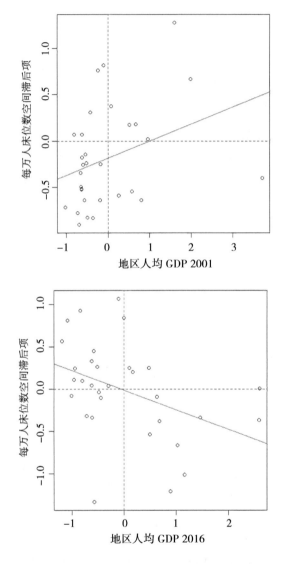

图 3-20　2001—2016 年省域实际人均 GDP 与邻省健康人力资本双变量 Moran 散点图

加，将对本省经济增长产生扩散带动作用还是虹吸抑制作用受到了经济发展阶段的影响。在交通、通信等基础设施相对较为落后的经济发展阶段（2001 年），劳动力人口流动受到了较大的制约，地区医疗技术水平差距较大，医疗服务基本由政府主导。当发达地区医疗健康水平发展到一定阶段时，会由政府推向相对落后地区，加之省域间相互模仿、标尺竞争的发展模式，推动了医疗技术在地区间快速的相互扩散，形成健康人力资本对经济增长呈现空间扩散效应。在经济发展到一定阶段时，尤其是在我国高铁网络飞速发展、互联网的快速普及以后，劳动者获取信息与流动的能力极大提高，地区间医疗水平也逐渐呈现平衡发展的格局，此时邻近地区医疗服务水平的提高，将会吸纳其他地区的理性劳动力流入，促进本地经济增长的同时会抑制流出地经济增长，形成空间虹吸效应。

　　本章通过考察东、中、西部地区教育和健康人力资本的区域差异发现，教育人力资本在东部地区长期高于中西部地区，就教育基尼系数而言，西部地区最高，东部地区在多数年份高于中部地区。健康人力资本方面，东部地区每万人床位数从 2011 年开始落后于中西部地区，但受人口结构的影响，东部地区死亡率长期低于中西部地区；从健康人力资本流动结构看，中部地区医疗健康资源流动结构处于较好水平，接近于 1，西部地区人力资本流动系数大于 2，与经济贡献相比，健康资本投资相对较高；东部地区人力资本流动系数小于 1，依据其经济贡献看，健康资本投资处于相对较低水平，而且长期呈现下降趋势。

　　分省域考察教育和健康人力资本的空间分布特征发现，地区抚养比越高的地区平均受教育年限越低。2001—2016 年各省域高技能劳动力比例呈现由西到东梯次递增的态势，东部省域具有更快的上升趋势，东部地区能够长期吸纳高人力资本劳动力，产生了人力资本的聚集效应。从空间相关性看，教育和健康人力资本在空间上均呈现相似地区相互聚集的空间分布特征，呈现高—高聚集或低—低聚集的空间自相关特点；与经济发展相关联，地区实际人均 GDP 与周边地区教育人力资本发展水平呈现空间正相关性，而地区实际人均 GDP 与周边地区健康人力资本发展水平在期初呈现空间正相关性，在期末呈现空间负相关特征。据此，要准确测度教育和健康两类人力资本对经济增长的空间效应，还需进行精确的计量分析。

第四章　中国人力资本红利形成及溢出效应的理论分析

第一节　区域性人力资本红利形成的理论分析

一、基于人口结构转变的人力资本红利理论分析

个人在劳动供给、储蓄、子女教育等决策行为方面会因家庭人口结构转变做出理性调整（Bloom et al., 2009）。一般而言，家庭生育子女数量的减少，会使父母更有能力对子女进行健康、教育等方面的投入，激励了父母对子女人力资本的投资需求（Becker and Lewis, 1973; Lee and Mason, 2010），同时也为父母对自身的人力资本进行投资提供了更多机会。基于家庭收入预算约束与理性经济人假设，投资于子女数量或质量所形成的边际收益率将直接决定家庭偏好，家庭总效用来自了女的数量和质量的总和，当投资十子女质量即人力资本的边际收益率更高时，家庭将更愿意投资于子女的质量以获得更高效用（Becker and Tomes, 1976）。

这里借助 Becker 人口偏好结构转变理论与内生经济增长理论，为本书人力资本红利的形成提供理论分析范式。人口偏好结构转变理论基于家庭效用函数和收入约束，从理性预期视角出发，推导出了家庭

选择子女数量和质量的最优决策条件。具体如下：

Becker 假定家庭效用是子女数量、质量及其他消费品的函数，可表示为：

$$U = U(Q, N, Z) \tag{4-1}$$

式（4-1）中，U 表示家庭总效用，Q 衡量子女质量，此处特指子女的人力资本水平（主要包括教育和健康），N 为子女数量，Z 为其他消费品。

家庭收入预算约束可表示为：

$$I = N\Omega_N + Q\Omega_Q + NQ\Omega_C + Z\Omega_Z \tag{4-2}$$

式（4-2）中，I 衡量家庭总收入水平，$\Omega_i(i = N, Q, C, Z)$ 分别代表子女数量、质量、质量和数量交互项及其他消费品价格或单位成本。

设 P_Q、P_N、P_Z 分别为 Q、N 和 Z 的边际成本，则相应的一阶极值条件为：

$$P_Q = \Omega_Q + N\Omega_C \tag{4-3}$$

$$P_N = \Omega_N + Q\Omega_C \tag{4-4}$$

$$P_Z = \Omega_Z \tag{4-5}$$

其中，子女数量的单位成本 Ω_N 中包含父母的时间、怀孕和分娩的风险及费用、政府对子女的津贴，以及与子女质量无紧密关联、投入于子女的精神上和物质上的所有支出。在当前工业化与城市化加速推进的时代背景下，子女数量的单位成本 Ω_N 中的绝大部分为父母的时间价值，而其他方面支出较小。假定父母的时间价值随着工业化或城镇化推进逐渐增加，导致抚养子女的时间成本不断提高即 Ω_N 变大。而 $Q\Omega_C$ 保持不变时，子女数量的边际成本（P_N）将上升，从而家庭将选择减少生育数量（N）。子女质量的单位成本（Ω_Q）既定条件下，由式（4–3）可知子女质量的边际成本（P_Q）将下降，P_Q 下降则会增加家庭对子女健康、教育等质量（Q）的需求，Q 提高将推动 P_N 再次增加，P_N 提高又会导致 N 进一步下降。以上为家庭人口偏好向人力资本或质量结构转变的基本演化路径，而且此传导路径将会随着我国城市化发展持续发生（刘琦，2014）。

微观个体（家庭）行为的改变，在宏观层面上聚合成了促进区域经济增长的重要推动力量，如促进资本深化和创新。通过人力资本水平提升形成的有利于经济增长的"行为效应"创造了"人力资本红利"。人力资本克服了物质资本边际产出递减的特征，因而将人力资本作为生产要素投入生产时的内生增长模式具有持续性。进一步借鉴内生经济增长模型，在推导结论不发生改变的前提下，暂不考虑物质资本的贡献，则内生生产函数可以表示为：

$$Y_t = A_t H_t \tag{4–6}$$

A_t 表示技术水平，H_t 表示人力资本投入量。则人均产出增长率为：

$$\frac{\dot{y}_t}{y_t} = \frac{\dot{A}_t}{A_t} + \frac{\dot{h}_t}{h_t} \tag{4–7}$$

其中 $h_t = H_t/N_t$，定义人均人力资本，因为 $\dfrac{\dot{h}_t}{h_t} = \dfrac{\dot{H}_t}{H_t} - \dfrac{\dot{N}_t}{N_t}$，则式（4–7）可改写为：

$$\frac{\dot{y}_t}{y_t} = \frac{\dot{A}_t}{A_t} + \frac{\dot{H}_t}{H_t} - \frac{\dot{N}_t}{N_t} \tag{4–8}$$

在家庭人口偏好转为质量偏好阶段以后，人力资本增长率 $\dot{H}_t/H_t$ 提高，若人口增长率 $\dot{N}_t/N_t$ 趋近于 0 或为负时，即使不考虑技术进步率 $\dot{A}_t/A_t$，人均产出增长率 $\dot{y}_t/y_t$ 将显著提高；存在技术进步时，将提高人力资本投资的预期收益率，使家庭偏好于子女质量而非数量

（Galor and Weil, 2000）。由于人口质量偏好的不可逆性，由人力资本驱动的人力资本红利增长模式将长期存在。

二、基于教育、健康异质性人力资本红利理论分析

（一）教育人力资本红利理论分析

依据舒尔茨的观点，教育投入是形成人力资本的主要方式，不仅能产生教育本身的投资收益，还将通过其外部性使其他生产要素的边际产出递增。教育人力资本的外部效应主要体现在知识溢出、人才培育等方面，进而通过提升劳动者生产效率、产业结构升级、专利产出等方式促进经济增长（王士红，2017）。首先，劳动者知识、技能的提升可以通过教育培训实现，劳动者教育水平的提升能增强其综合理解能力和应用能力，较快运用新技术、适应新的工作环境，将知识技能转换成生产力，这不仅能提高劳动生产率，而且将促进劳动参与率的提升，尤其能够增加女性就业，扩大地区就业总量。其次，提高教育人力资本将能促进资源的优化配置，进而形成高水平的均衡效率。劳动力知识技能提升以后，将进行个人行为调整，如从农业部门或较低生产效率的部门流向非农部门或较高生产效率的部门。具有专业化技能的劳动者在部门间流动，通过知识的扩散作用提升社会整体人力资本水平。同时，这也将提高人力资本的配置效率，增强经济发展的内在动力。

在内生经济增长模型中，教育产生的人力资本积累效应能显著促进经济增长，而且存在知识资本对物质资本的替代效应（Romer, 1990; Lucas, 1988）。教育人力资本是经济增长的重要决定因素，特别是对于发展中国家而言，教育被认为是最具性价比的投资路径，其不

仅能对个人素质和社会文化产生正面效应，还能通过强化劳动力水平即提升劳动生产率的方式带动经济发展（Csaba and Badulescu, 2015）。从间接效应和直接效应角度看，一方面，人力资本积累不仅能通过增加要素供给直接推动经济增长，而且能通过提升劳动者的技能水平优化生产过程，提高产出效率；另一方面，人力资本可以通过吸收其他地区先进技术，在促进产业升级创新的过程中间接拉动经济增长（Teixerira and Queiros, 2016）。综合而言，教育可以通过内部效应与外部效应同时影响经济增长，即在提升劳动者自身生产能力的同时与技术、产业结构等相互作用，提升其他物质资本的生产水平，促进经济发展。

（二）健康人力资本红利理论分析

加大对健康人力资本的投资，能够有效提升劳动者的身体素质，使其在生产过程中具有更多活力与更快成长力，这不仅能增加有效劳动供给，还能提高其产出水平和工作质量，形成高质量的经济增长。进一步地，在低死亡率、低生育率背景下，健康人力资本增加及其所带来的预期寿命的延长，将使劳动者重新调整未来的消费、储蓄和退休时间等，以应对整个生命周期中的风险（Bloom et al., 2003; Acemoglu and Johnson, 2007）。依据生命周期储蓄假说，预期寿命提高将增加人们老年时期的消费预期，从而增加在年轻时的预防性储蓄（Modigliani et al., 2004）。老龄化社会的出现，会激励处于劳动年龄段的人们为了能够更长久地生活而进行储蓄，继而提高了社会财富的积累，这将有助于资本深化，即每个劳动者的生产资本得到提高（Lee and Mason, 2006）。储蓄增长无论用于国内还是国外投资，都将带来更高的生产和消费以促进经济增长。因此，无论是开放还是封闭的经济体，健康人力资本都能通过储蓄行为间接地形成新的红利效应。

随着生活水平和医疗技术的提高，一般达到退休年龄的劳动者仍拥有良好的健康状况，在健康状况能够适应工作需求的情形下，他们会选择增加自己的工作年限，老年劳动者一般具有更为丰富的工作经验，经验积累所形成的人力资本外部效应相对更高。Feyrer（2007）认为，经验积累的不同主要是由工作年龄的差异引起，人口年龄结构老化是导致发达国家劳动生产率高于发展中家一个重要因素。一定条件下，具有相对更多工作经验或人力资本的老年劳动者，在新技术的传播与使用过程中往往表现出更强的适应能力（Gordo and Skirbekk，2013）。随着我国产业结构升级以及工作中新技术的普及，会减少对劳动者体力方面的要求，这将能延长劳动者保持较高工作效率的时间。年长劳动力和年轻劳动力在工作中还能通过合作获得协同效率，即通过人力资本的外部效应提升整体劳动生产率水平（李建民，2016）。因此，延长劳动者的工作年限，不仅可以获得劳动力市场的经验积累，还能够扩大劳动年龄人口规模，降低抚养负担，形成生产性老年社会的局面（蔡昉，2013）。

进一步地，通过构建引入教育和健康异质性人力资本的 Solow 经济增长拓展模型，描述异质性人力资本对经济增长即异质性人力资本红利的形成路径。

人力资本构成。Mushkin（1962）将教育和健康并列为人力资本框架的孪生概念，在微观和宏观层面上，都可以把教育和健康看作两类不同的人力资本，二者通过影响对方而对经济增长产生间接影响，同时也对经济增长有直接影响，两者为既非完全替代又非完全互补的关系。选择 C-D 生产函数作为教育人力资本和健康人力资本组合生成人力资本的方式：

$$H_{(t)} = E_{(t)}^{\lambda} M_{(t)}^{1-\lambda} \tag{4-9}$$

式（4-9）中，$H_{(t)}$ 为人力资本，$E_{(t)}$ 为教育人力资本，$M_{(t)}$ 为健康人力资本，λ 为小于 1 的参数。教育人力资本和健康人力资本在生成人力资本的过程中替代弹性为 1。

引入人力资本的 Solow 模型。我们采用 C-D 生产函数构造出加入人力资本的 Solow 模型，基本表达式为：

$$Y_{(t)} = K_{(t)}^{\alpha} H_{(t)}^{\beta} (A_{(t)} L_{(t)})^{1-\alpha-\beta} \tag{4-10}$$

式（4-10）中，$Y_{(t)}$ 为产出，$K_{(t)}$ 为物质资本，$A_{(t)}$ 为技术水平，$L_{(t)}$ 为劳动人口，$H_{(t)}$ 为教育人力资本和健康人力资本的组合，α 与 β 为大于 0 小于 1 的参数。假定 $A_{(t)}$ 和 $L_{(t)}$ 的增长率外生给定，分别为 g 和 n；物质资本、教育人力资本、健康人力资本和消费品的生产函数相同，并且教育人力资本、健康人力资本与物质资本的折旧率同为 δ。那么，结合式（4-9）与式（4-10），经济的增长过程将决定于以下动态方程：

$$\dot{k}_{(t)} = s_k y_{(t)} - (n + g + \delta) k_{(t)} \tag{4-11}$$

$$\dot{e}_{(t)} = s_e y_{(t)} - (n + g + \delta) e_{(t)} \tag{4-12}$$

$$\dot{m}_{(t)} = s_m y_{(t)} - (n + g + \delta) m_{(t)} \tag{4-13}$$

上式中，$y_{(t)} = Y/AL$，$k_{(t)} = K/AL$，$e_{(t)} = E/AL$ 和 $m_{(t)} = M/AL$ 分别为单位有效劳动产出、物质资本、教育人力资本和健康人力资本；S_k、S_e 和 S_m 分别为物质资本、教育人力资本与健康人力资本的投资率。式（4-11）、式（4-12）与式（4-13）式意味着经济将收敛于均衡状态 $(k_{(t)}^*, e_{(t)}^*, m_{(t)}^*)$：

$$k_{(t)}^* = \left[\frac{s_k^{1-\beta} s_e^{\lambda\beta} s_m^{(1-\lambda)\beta}}{n + g + \delta} \right]^{\frac{1}{1-\alpha-\beta}} \tag{4-14}$$

$$e_{(t)}^* = \left[\frac{s_k^{\alpha} s_e^{1-\alpha-(1-\lambda)\beta} s_m^{(1-\lambda)\beta}}{n+g+\delta}\right]^{\frac{1}{1-\alpha-\beta}} \quad （4-15）$$

$$m_{(t)}^* = \left[\frac{s_k^{\alpha} s_e^{\lambda\beta} s_m^{1-\alpha-\lambda\beta}}{n+g+\delta}\right]^{\frac{1}{1-\alpha-\beta}} \quad （4-16）$$

将式（4-14）、式（4-15）与式（4-16）代入生产函数，然后取对数，得到均衡时的劳均产出：

$$\ln(Y_{(t)}/L_{(t)}) = \ln A_0 + gt - \frac{\alpha+\beta}{1-\alpha-\beta}\ln(n+g+\delta) + \frac{\alpha}{1-\alpha-\beta}\ln(s_k)$$
$$+ \frac{\lambda\beta}{1-\alpha-\beta}\ln(s_e) + \frac{(1-\lambda)\beta}{1-\alpha-\beta}\ln(s_m) \quad （4-17）$$

式（4-17）中，A_0 为初始技术水平。上式表示教育和健康投资如何影响劳均产出。联合式（4-14）、式（4-15）、式（4-16）和式（4-17），可得阐释人力资本影响的另一表达式：

$$\ln(Y_{(t)}/L_{(t)}) = \ln A_0 + gt - \frac{\alpha}{1-\alpha}\ln(n+g+\delta) + \frac{\alpha}{1-\alpha}\ln(s_k)$$
$$+ \frac{\lambda\beta}{1-\alpha}\ln(e_{(t)}^*) + \frac{(1-\lambda)\beta}{1-\alpha}\ln(m_{(t)}^*) \quad （4-18）$$

不同于式（4-17），式（4-18）表示劳均产出是如何依赖地区教育人力资本和健康人力资本。对于处于平衡增长路径上的经济，与式（4-17）在阐释人力资本的影响方面等价。即我国教育人力资本与健康人力资本的积累是形成区域经济增长红利的有效路径。

第二节　人力资本红利的空间溢出效应理论分析

人力资本以人或劳动力为载体存在，兼备人力和资本的属性。从人力资本流动视角看，人力属性表现为可再生、对人文环境的追求、对成就感的向往，使劳动力发生空间流动，这一过程中也会受到人性、人格特征的制约；资本属性一般指其能带来利润和价值的增加，市场经济条件下，资本会从低生产率或低利润率的部门、行业或地区流向高生产率或高利润率的部门、行业或地区，这是人力资本流动与聚集的理论渊源。

依据舒尔茨的观点，迁移或流动是人力资本投资的重要途径，如果其他区域能够给劳动者提供更合适的就业机会和更高的净收益，他将会作出迁移的决策，而迁移过程中其所积累的人力资本在未来将会产生较大的收益。对于劳动者个体而言，迁移使其自身人力资本能够匹配到更合适的地区和岗位进而得到更有效配置，这也将使劳动者更重视对自身人力资本的投资，增加人力资本存量。例如，劳动力在不同区域之间迁移，能够获取更多的就业机会，而此时也面临着与其具有相似人力资本劳动者的竞争，这就要求劳动者不断提高自己的专业知识技能及市场竞争力；对于已经就业的劳动者，外地劳动者的涌入，将会增加其失去就业岗位的概率，在激烈的竞争环境下劳动者将产生被替代的危机感，这也将导致其对自身人力资本的进一步投资，以提升其工作能力。劳动者个体人力资本投资累加，将带来社会人力资本投资水平的整体提升，形成人力资本红利。

迁移选择性将使人力资本重新分配，一般而言，迁移者平均年龄低于非迁移者与迁入地人口的平均年龄，随着时间的推移，迁入地人口年龄结构将更加年轻化，人力资本存量将得到明显提升。从劳动者受教育水平看，迁移者平均受教育年限往往要高于迁出地人口的平均受教育年限，还可能要高于迁入地人口的平均受教育年限。因此，迁移将显著提升迁入地平均受教育水平，为迁入地注入新的活力。长期看来，会使人力资本向净迁入地持续集中，逐渐高于净迁出地的人力资本存量，而这一过程中"资本追逐劳动"的现象会促使迁入地区资本边际收益不断提升，促进劳动者收入提升，形成聚集经济与规模经济。综合而言，一方面，人力资本的流动促使劳动者增加人力资本投资，提升自身价值；另一方面，人力资本流动使其在空间上的配置更为合理，提升了利用效率。

当纳入经济地理因素时，基于新经济地理学的"中心—外围"理论，人力资本红利可以来源于人力资本流动与聚集的空间效应。结合缪尔达尔和赫希曼关于地区间经济发展态势的理论，人力资本流动主要形成了对地区经济增长的虹吸效应与扩散效应：一方面，当人力资本等生产要素向中心区域流动与聚集，中心地区（增长极）对外围落后地区经济增长会产生虹吸作用，形成扩大两个地区经济发展差距的运动趋势；另一方面，中心地区对外围落后地区的推动作用，促成人力资本等生产要素向不发达地区扩散，形成缩小地区间经济发展差距的运动趋势。这一过程中必将通过人力资本的流动与聚集形成人力资本红利。本章从人力资本流动或迁移视角，结合我国区域发展特征，分析人力资本聚集空间效应的形成路径及变化特征。

一、人力资本聚集的空间虹吸效应理论分析

人力资本流动是其聚集的先决条件。在市场经济条件下，由于劳动者追求实际工资，必然流向能带来更高真实收入的地区，形成具有规模经济的人力资本集聚区。地区间人力资本流动是经济活动地理集中的推动力和基本因素（Kangasharju and Pekkala, 2000），导致产业集聚的中心—外围均衡格局，使人口和产业在地区间趋异（Krugman,

1991）。中国人力资本空间分布差异是形成地区间经济发展差距的重要因素（李亚玲、汪戎，2006），人口流动总体上削弱了流出地的人力资本积累（阮荣平等，2009），外围地区"智力流失"抑制了其教育投资激励（张锦华，2008），所形成的虹吸效应将导致外围地区后发优势被人力资本的落后所抵消（张晓蓓、李子豪，2014）。即使放松外流劳动力在外围地区实现充分就业的假定，劳动力外流给外围地区经济增长带来的虹吸效应依然较大（樊士德等，2011），尤其是高技能劳动力流动产生的人力资本集聚力量更倾向于扩大而非缩小地区收入差距（赵伟、李芬，2007）。

结合我国东、中、西部实际特征看，在东部沿海地区，市场机制发育比较充分，人才激励机制发展更为成熟，对人力资本的整体重视程度和利用效率等方面相对于欠发达地区比较优势明显，更多的就业机会与更高的收入水平对人力资本形成了较大的吸引力，同时也为劳动者知识技能的应用提供了更为广阔的空间；而在中西部地区，受经济发展相对落后、对人力资本价值定位较低等因素的制约，导致中西部地区具有相似人力资本水平劳动力的工资达不到东部地区平均水平，长期而言将难以吸引并留住高素质人才，中西部欠发达地区的人力资本外流明显，进而导致区域间人力资本存量差距逐渐扩大。同时，外围落后地区流出的人力资本多滞留于发达地区（输入地），对欠发达地区（输出地）经济增长的贡献较小，使外围欠发达地区的教育、健康等社会管理支出费用难以带给本地经济应有的回报。长期而言，虹吸效应使中西部欠发达地区人力资本相对匮乏，将加剧人力资本在地区间分布的不平衡性，这将进一步扩大我国中心发达地区与外围欠发达地区的经济发展差距，如此，我国外围欠发达地区将会加大对中心发达地区的"依附",在长期空间发展不平衡的格局下,欠发达地区可能会选择实行区域经济发展中的"地方保护主义"政策,将内、外部市场进行分割以限制外部经济对本地经济的冲击来摆脱这种"依附"关系。这将使东、中、西部地区经济发展差距不断拉大,势必影响我国人力资本红利的形成及整体经济发展。

二、人力资本聚集的空间扩散效应理论分析

人力资本的空间流动也会提高流出地劳动者预期收益,激励个体进行健康和教育投资(Stark et al., 1998),而且外出者能积累更多人力资本,其回流行为将提升流出地人力资本水平,带来外围地区更高的经济效率(Beine et al., 2008)。目前我国发达中心地区一些产业所需的人力资本已然趋于饱和,"拥挤成本"加剧了人力资本的回流(刘云刚、燕婷婷,2013),产业与劳动力"双转移"(辜胜阻等,2013)不断推动着外围地区产业和知识技术中心的重构,在外围地区形成新的人力资本聚集区。而这一过程中"资本追逐劳动"的现象会促使外围地区资本边际收益不断提升(许召元、李善同,2008),从而呈现中心发达地区对外围欠发达地区的扩散带动作用。人力资本扩散效应对于恢复地区间经济增长趋同是必要的,是收入转移支付等方式不可替代的(Razin and Yuen, 1997),需要注意的是,人力资本流动对地区间经济增长差距的影响可能会受到迁移劳动力结构以及经济体初始条件的影响(Pietro and Rustichini, 1998)。

结合我国东、中、西部实际特征看,中西部欠发达地区的人力资本向东部发达地区流动一方面可以使劳动者不再局限于本地区封闭的就业环境,在发达地区享有更高的工作搜寻匹配度,更容易获取与其

知识技能相对应的工作岗位，使我国人力资本存量的空间配置效率得到较大的提升，创造更多的社会产出。另一方面，可以缓和中西部欠发达地区劳动力市场的就业压力，尤其是降低了农村人口对土地的依赖程度，而且依据边际报酬递减规律，中西部地区在劳动力大量外流后，劳动力数量相对减少，从而降低了劳动力市场竞争压力，最终将提高劳动生产率或人均收入水平。东部发达地区作为人力资本净流入地，中西部欠发达地区流出的初级人力资本，将能有效补给东部发达地区城镇化进程中第一、第二产业所需的人力资本缺口，为东部发达地区加速推进城镇化提供了强劲的动力，在较高的社会经济发展环境中创造更多社会财富，促进城镇经济发展。此外，我国劳动力在空间上呈现季节性流动特点，中西部欠发达地区的外流劳动力在回流时能够将先进知识、技术、信息甚至思想观念带回，这将成为中西部地区经济发展新的驱动力。同时，在资本密集型的东部发达地区一般能获取较高的工资收入，而季节性回流会将一部分资金带回中西部落后地区，增加了落后地区的资金供应。以上行为将形成东、中、西地区社会经济发展的互动特征，最终实现人力资本流动与聚集过程中的扩散效应。

进一步地，通过构建引入人力资本及其空间溢出项的 Solow 经济增长拓展模型，描述人力资本对经济增长空间溢出作用的形成路径。首先 C-D 生产函数基本表达式为：

$$Y = K^{\alpha} H^{\beta} (AL)^{1-\alpha-\beta} \qquad (4-19)$$

其次，地区经济除了受到本身人力资本水平影响外，当其他地区人力资本水平也将对本地区经济产生影响时，则可以表示为：

$$H = H_d^{\theta} H_s^{1-\theta} \qquad （4-20）$$

式（4-20）中，H_d、H_s 分别为本地区人力资本和人力资本空间溢出项，θ 为参数，此时：

$$Y = K^{\alpha}(H_d^{\theta} H_s^{1-\theta})^{\beta}(AL)^{1-\alpha-\beta} \qquad （4-21）$$

将等式（4-21）两边同时除以劳动力数量并取对数推导可得：

$$\ln\frac{Y}{L} = \alpha\ln\frac{K}{L} + \beta\theta\ln\frac{H_d}{L} + \beta(1-\theta)\ln\frac{H_s}{L} + (1-\alpha-\beta)\ln A$$

$$\ln\frac{Y}{L} - \alpha\ln\frac{Y}{L} = \alpha\ln\frac{K}{L} - \alpha\ln\frac{Y}{L} + \beta\theta\ln\frac{H_d}{L} + \beta(1-\theta)\ln\frac{H_s}{L} + (1-\alpha-\beta)\ln A$$

$$(1-\alpha)\ln\frac{Y}{L} = \alpha\ln\frac{K}{Y} + \beta\theta\ln\frac{H_d}{L} + \beta(1-\theta)\ln\frac{H_s}{L} + (1-\alpha-\beta)\ln A$$

$$\ln\frac{Y}{L} = \frac{\alpha}{1-\alpha}\ln\frac{K}{Y} + \frac{\beta\lambda}{1-\alpha}\ln\frac{H_d}{L} + \frac{\beta(1-\lambda)}{1-\alpha}\ln\frac{H_s}{L} + \frac{1-\alpha-\beta}{1-\alpha}\ln A \qquad （4-22）$$

将式（4-22）简化可得：

$$\ln y = \eta_1\ln s_k + \eta_2\ln h_d + \eta_3\ln h_s + \varepsilon \qquad （4-23）$$

由式（4-23）可知，地区收入水平将可能同时受到本地区人力资本水平（H_d）与其他空间单元人力资本水平（H_s）的影响，η_1、η_2、η_3 分别为待估系数，ε 为其他影响因素。然而，在经济发展过程中，虹吸效应和扩散效应是同时存在的，只是其呈现的主导形式在不同经济发展阶段会有所差异。我国人力资本聚集在空间上的主导形式（净效应）的测度需要通过精确的计量分析。

第三节　人力资本红利的时间—空间变化效应理论分析

一、人力资本聚集的时间趋势效应理论分析

不同经济发展阶段的增长极在不同时期受到市场自由化推进后，

将形成非均等的经济集聚力和扩散力。依据 Fujita 等（1999）给出的产业集聚两阶段论，经济集聚存在成本关联的影响机制，第一阶段的自由化可引起工业向核心区集聚，即人力资本聚集中心的初步构建过程中对劳动要素价格的增长效应会呈现加强趋势。而后续阶段的贸易一体化将使工业向外围地区扩散，意味着从长期动态来看，市场自由化可以相对降低核心区的要素报酬率。事实上，我国曾在 2001 年《国民经济和社会发展第十个五年计划人口、就业和社会保障重点专项规划》提出逐步取消各类限制劳动力流动的政策规定，导致 2005 年抽样调查的全国流动人口、跨省流动人口相对于"五普"数据分别增长 2.9% 和 19.5%，2010 年相对 2005 年抽样调查的增长率更是分别高达 75.7% 和 70%（孙祥栋、王涵，2016），这加速了我国经济聚集中心的形成。但是，近几年我国发达中心地区一些产业所需的人力资本逐渐饱和，"拥挤成本"加剧了人力资本向欠发达的中西部地区回流，产业与劳动力"双转移"不断推动着外围地区产业和知识技术中心的重构，在外围地区形成了新的人力资本聚集区。这一过程中促使外围地区人力资本的投资收益不断提升，从而呈现中心发达地区对外围欠发达地区的扩散带动作用，也即产业聚集的第二阶段特征。这一阶段人力资本对劳动者增收的空间效应可能会随着时间推移形成逐步减弱的趋势。因为随着时间推移，当城市的经济要素规模集聚达到一定程度之后，出现了规模不经济，集聚反而会降低人力资本的产出效率。受利润驱动的影响，经济活动会向城市周边扩散，使人力资本结构的空间分布和格局发生改变。若地区发展差距过大，地区间生产率差异将诱发劳动等要素从生产率（增长）较低的地区向（增长）较高的地区转移，形成空间竞争的格局。综合而言，人力资本聚集促进劳动生产率提升、形成空间溢出效应的同时，还将随着时间的推移形成趋势性变动。

二、人力资本聚集的空间变化效应理论分析

空间边界的制约使知识和技术不能在地区间完全自由流动（Jaffe et al., 1993），其外溢性作用在行业内部和行业之间会随距离的增加而减弱（Cantwell and Piscitello, 2005）。然而，Venables（1996）和 Puga（1998）的产业扩散模型表明，在要素自由流动条件下，运输成本变化对经济活动空间分布的影响是非线性和非单调的，因此，产业聚集所形成的具有一定间隔距离的非相邻地区的人力资本空间效应或许更容易维持，Moreno 等（2005）的研究支持了这一观点，他们发现，欧洲各地区之间的技术扩散范围维持在 500 千米以内，各地对邻近的0—250 千米范围地区的扩散效应弱于 250—500 千米范围的非相邻地区。值得强调的是，人力资本流动与聚集不同于技术单向扩散，其空间效应受劳动力流动规模及工资水平（朱云章，2010）、户籍制度（孙文凯等，2011）、经济发展阶段（毕先萍，2009）、市场化进程（沈坤荣、余吉祥，2011）等多个因素制约，因而人力资本聚集的空间效应将难以呈现简单的距离衰减特性。

可以确定的是，随着地区间隔距离与市场壁垒的增加，由距离倒数权重计算的地区人力资本空间溢出项快速下降，将导致地区收入水平对来自不同圈层距离或边界范围的人力资本的敏感程度存在差异。由于规模经济的存在，企业更倾向在与外部市场接近的边界区域组织生产，充分获取潜在外部需求以实现利润最大化。因而即使在高度一体化的市场区域，空间距离或运输成本的制约也会使人力资本

的空间作用存在"边界效应"，如欧盟东扩带来的空间关联与市场需求增加使新成员国平均工资水平的提升，证实了"边界效应"的存在（Pfaffermayr et al., 2004）。由于存在市场壁垒或分割，不能将全域范围的地区纳入计算本地区人力资本空间溢出项。依据 LeSage 和 Pace（2009）的观点，因为区域运行系统之间往往缺乏良性互动，会形成相互分割的经济运行空间。此时可以用对应于空间权重矩阵阶数下的直接效应或间接效应的显著性来判定是否存在一定程度的"空间分割"，从而推断一个区域某个空间单元的经济变量的空间作用范围与边界。

人力资本具有能动性、特殊资本性和高增值性等特征，只有合理的流动与配置才能更好地发挥其生产性功能。从微观视角看，人力资本能够通过在岗位、行业、地域间进行流动而持续地进行能力结构的更新和积累，实现目标函数最大化的目的。从宏观视角看，人力资本能够通过市场机制的优化配置，提高人力资本在行业与产业间的利用效率，并通过实现社会职业结构的有效调整，促进人力资本更好发挥其内部性和外部性特征，通过与其他生产要素的有机结合，有利于维持国民经济稳定协调发展。首先，本章从区域人力资本红利形成视角，基于人口结构转变、理性预期视角分析了人力资本的形成原因，并基于教育、健康异质性人力资本的视角，从劳动者自身以及宏观聚合形成的区域人力资本存量的变化，构建了异质性人力资本红利的形成机理；其次，借助中心—外围模型在理论上阐述了劳动力及其所承载的人力资本流动与聚集过程中，所产生的对中心地区和外围地区经济的虹吸和扩散两种空间效应（潜在影响）的基本形式；最后，分析了人力资本聚集的时间—空间效应变动的制约因素。一般情况下，人力资本流动和聚集会产生虹吸和扩散两种空间效应，需进一步判断当前我国人力资本聚集形成的空间效应是哪一种为主导形式呈现，对其具体表现形式（净效应）的观测仍需进一步地实证检验，这一过程中必将通过人力资本对经济增长的空间效应形成人力资本红利。

第五章 中国人力资本红利的空间溢出效应实证分析

既往实证研究多是单独考察人口数量红利、人力资本红利对于经济增长的贡献，本章从人口转变视角出发，将人口数量红利与人力资本红利纳入同一框架中进行分析。具体而言，将人力资本变量分解为教育人力资本和健康人力资本两部分，并且将人口数量红利变量同时纳入分析框架中，基于我国城市面板数据研究人口数量红利与异质性人力资本对于中国区域经济增长影响的差异程度。进一步地，传统的经济增长理论认为各要素在空间上是相互独立的，即在进行实证研究的过程中将各地区一般视作独立的空间单元，未考虑地区间的空间关联。事实上，经济变量在空间上往往具有依赖性或者相关性等特征，且变量的依赖性或者相关性的大小随着地区间间隔距离或空间壁垒的增加而呈现减小趋势。人力资本因为容易受到空间异质性以及经济条件等多因素的影响，在地理空间上也常常呈现非平衡分布的关联特征。据此，本章将构造教育和健康两类异质性人力资本的空间溢出项，通过双变量 Moran 指数分别从全域和局域两个维度检验其与经济增长的空间相关性；此外，在空间权重矩阵的构建方法上，进一步考虑地区间相互影响的经济因素，即构建经济距离矩阵与以往地理距离矩阵进行对比研究，考察结论的稳健性。

第一节　模型设定、数据来源与变量构造

一、模型设定

首先建立不考虑空间因素的普通面板数据模型。除了教育人力资本和健康人力资本（人力资本红利）、劳动人口占比（人口数量红利）之外，本书还将政府干预、市场化进程、产业结构、资本—劳动比以及投资额作为控制变量纳入模型。具体表达形式为：

$$\ln Pgdp_{it} = \alpha_{0i} + \theta_1 \ln Ehc_{it} + \theta_2 \ln Hhc_{it} + \theta_3 \ln Dedi_{it}$$
$$+ \alpha_1 \ln Goin_{it} + \alpha_2 \ln Mapr_{it} + \alpha_3 \ln Inst_{it} + \alpha_4 \ln Clra_{it} + \alpha_5 \ln Inra_{it} + \mu_{it} \quad (5-1)$$

式（5-1）中，被解释变量 $\ln Pgdp_{it}$ 为实际人均 GDP 的对数；解释变量 $\ln Ehc_{it}$、$\ln Hhc_{it}$、$\ln Dedi_{it}$ 分别表示教育人力资本、健康人力资本、劳动人口占比（人口数量红利）的对数形式；控制变量 $\ln Goin_{it}$ 表示政府干预程度，$\ln Mapr_{it}$ 表示市场化程度，$\ln Inst_{it}$ 表示产业结构，$\ln Clra_{it}$ 表示资本—劳动比，$\ln Inra_{it}$ 表示投资额；α_{0i} 为截距项，μ_{it} 表示服从独立同分布的误差项；下标 i 表示城市，t 表示年份；θ_1—θ_3、α_1—α_5 为待估参数。

进一步，由于中国各个城市之间的空间相关性较强，忽略空间自相关性进行的普通面板数据估计可能会产生偏差。事实上，各个城市经济发展差异较大且人口分布不均衡，人口数量红利所带来的经济效应未必一定会被所在地吸收，也可能发生外溢（钟水映、李魁，2010）；其次，众多学者（Rosenthal and Strange, 2008；骆永民、樊丽明，2014）已证实人力资本对本地区和周边地区经济增长都会产

生影响。因此本书选择空间杜宾模型，将教育人力资本、健康人力资本和劳动人口占比（人口数量红利）的空间溢出项引入模型，在模型（5-1）基础上继续构建人力资本的空间溢出效应模型，表达式为：

$$\ln Pgdp_{it} = \alpha_{0i} + \theta_1 \ln Ehc_{it} + \theta_2 \ln Hhc_{it} + \theta_3 \ln Dedi_{it}$$
$$+ \beta_1 Spatial\_\ln Ehc_{it} + \beta_2 Spatial\_\ln Hhc_{it} + + \beta_3 Spatial\_\ln Dedi_{it} \qquad （5-2）$$
$$+ \alpha_1 \ln Goin_{it} + \alpha_2 \ln Mapr_{it} + \alpha_3 \ln Inst_{it} + \alpha_4 \ln Clra_{it} + \alpha_5 \ln Inra_{it} + \mu_{it}$$

式（5-2）中，β_1—β_3 分别为教育人力资本、健康人力资本、劳动人口占比（人口数量红利）的空间溢出项[①] 待估参数，为空间溢出效应的主要观测参数。

二、数据来源

本章数据主要来源于 2007—2016 年《中国城市统计年鉴》《中国统计年鉴》以及各省统计年鉴。地区间相邻信息根据国家地理信息系统网站提供的 1∶400 万电子地图得到。由于空间杜宾模型需要使用平衡面板数据作为估计样本，对于变量数据年份缺失较少的城市，采用面板数据插值法进行补足，对于部分数据缺失较多的城市暂不纳入考察范围，最终保留 256 个城市样本作为研究对象。以此为基础构造本文的被解释变量、解释变量及控制变量。

三、变量构造

（一）被解释变量

使用中国各地级市以 2006 年当年价格计算的地区生产总值（GDP）

---

① 需要说明的是，一个变量的空间溢出项是其他地区对应变量的加权平均值，具有较强的外生性，可以较大程度地阻断由本地区被解释变量反向因果导致的内生性问题。

数据和 2006—2015 年各城市的 GDP 指数，计算得到剔除价格因素后的 2006—2015 年各城市的实际 GDP；将名义 GDP 与名义人均 GDP 相除得到年末常住人口数；将地区实际 GDP 与年末常住人口相除得到实际人均 GDP，记为 Pgdp。

（二）解释变量

1. 人力资本变量。目前，国内外关于人力资本的核算标准包括受教育年限、学历和综合能力等方法。实际上，人力资本不仅体现在受教育水平方面，还应当包括知识、技能、体力等多种指标。因此，本书将教育和健康并列为人力资本框架下的孪生概念，考察二者对经济增长形成的人力资本红利。这里借鉴鲁元平等（2017）的处理方式，将每万人在校大学生数作为教育人力资本的代理变量，记为 Ehc；借鉴王弟海等（2008）的处理方式，假设地区的健康水平主要取决于健康投资，因此，我们采用各地区的健康投资水平衡量健康人力资本，将医院、卫生院床位数与年末常住人口数的比值，即每万人医院、卫生院床位数作为健康人力资本的代理变量，记为 Hhc。

2. 人口数量红利变量。当具有生产性的劳动人口负担的非生产性人口较少，并且在总人口中的比重较大时，充足的劳动力供给和高储蓄率形成了有利于经济增长的人口条件，给经济增长提供了一个额外的源泉。本书借鉴张同斌（2016）的方法，利用《中国城市统计年鉴》中按产业划分的年末城镇单位从业人员数据，计算得到中国各城市年末单位从业人员数，并将其与年末常住人口数相除得到劳动人口占比，将其作为人口数量红利的代理变量，记为 Dedi。

3. 空间溢出项。对于解释变量空间溢出项的构造，由于部分城市数据缺失，存在空间间隔的情形下采用传统意义上的邻接矩阵并不能真实反映地区之间的相互关系，因而本书根据距离衰减定律，以全国 256 个城市行标准化后的距离平方倒数作为空间权重矩阵（王建康等，2016）。这里首先构建基于地理距离的权重矩阵 W_d，其设置方式为，用各地区质心间的距离对空间权重矩阵进行赋值，用距离平方的倒数建立 256 行 256 列的 W_d，并进行行标准化处理，W_d 中标准化的权重元素具体计算方法为：$w_{i,j} = \dfrac{1/D_{i,j}^2}{\sum_{j=1}^{256}(1/D_{i,j}^2)}$，其中 $D_{i,j}$ 表示地区 i 和 j 之间的地理距离。那么，教育人力资本、健康人力资本、人口数量红利（劳动人口占比）三个变量的空间溢出项的计算公式可分别表示为：

$$Spatial\_\ln Ehc_{it} = W_d \ln Ehc_{it} = \sum_{j \neq i}^{256}\left(\frac{1/D_{i,j}^2}{\sum_{j=1}^{256}(1/D_{i,j}^2)} \times \ln Ehc_{jt}\right) \quad (5-3)$$

$$Spatial\_\ln Hhc_{it} = W_d \ln Hhc_{it} = \sum_{j \neq i}^{256}\left(\frac{1/D_{i,j}^2}{\sum_{j=1}^{256}(1/D_{i,j}^2)} \times \ln Hhc_{jt}\right) \quad (5-4)$$

$$Spatial\_\ln Dedi_{it} = W_d \ln Dedi_{it} = \sum_{j \neq i}^{256}\left(\frac{1/D_{i,j}^2}{\sum_{j=1}^{256}(1/D_{i,j}^2)} \times \ln Dedi_{jt}\right) \quad (5-5)$$

后文将进一步采用基于经济距离权重矩阵 W_e 进行稳健性检验。

（三）控制变量

1.政府干预。政府对经济的干预是多方面的，鉴于数据的可得性，本书参照毛捷等（2011）的方法，将各城市公共财政支出占 GDP 的比值作为政府干预程度的代理变量，记为 $Goin$。（2）市场化进程。参照汪锋等（2006）的研究方法，同时考虑到各城市工业总产值中港澳台外资企业所占比重与当年实际使用外资两个指标数据缺失较为严重的情况，使用各城市城镇就业人员中非国有人员所占比重作为市场化进程变量，记为 *Mapr*。（3）产业结构。参照刘伟等（2015）的研究，使用第二产业占 GDP 的比重反映各城市的产业结构，记为 *Inst*。（4）资本—劳动比。资本—劳动比反映了中国的资本深化程度，由于目前"要素驱动"依旧是中国经济增长的重要驱动力，因此有必要将资本—劳动比纳入研究框架中，本书参照张同斌和刘琳（2017）的研究方法，将各城市固定资产与流动资产合计作为资本变量，使用省域固定资产投资价格指数进行平减剔除价格因素，然后与年末从业人员数相除得到资本—劳动比，记为 *Clra*（单位：元 / 人）。（5）投资率。中国的投资率一直处于较高水平，是拉动经济增长的"三驾马车"之一，本章将各城市固定资产投资额（不含农户）占 GDP 的比重作为投资率，记为 *Inra*。需要说明的是，在建立模型进行实证分析之前，为了减小异方差程度，本书将各个变量进行了对数化处理（数据处理采用 Stata14.0 与 R3.2.0 软件）。

第二节　变量描述

一、变量统计特征描述

表 5-1 给出了各变量基本的统计特征，中国各城市在 2006—2015 年，实际人均 GDP 的取值范围在 82.963—406457.750 元之间，人口数量红利占比在 0.001—1.476 之间（由于深圳、东莞流动人口较多，年末就业人口高于常住人口，导致劳动人口占比出现高于 1 的情况），教育人力资本在 0.144—1259.693 之间，健康人力资本在 0.393—142.430 之间，可以发现各个变量的极差较大。说明各个城市在经济

与社会发展中差异明显，同时也进一步说明使用地级市层面的面板数据能够更好地反映变量的时间变动趋势和个体差异性。

表 5-1　变量基本特征

变量	文中表述	平均值	标准差	最小值	最大值
实际人均 GDP	Pgdp	32411.487	26512.274	82.963	406457.750
教育人力资本	Ehc	163.277	204.818	0.144	1259.693
健康人力资本	Hhc	37.068	13.402	0.393	142.430
人口数量红利	Dedi	0.112	0.080	0.001	1.476
政府干预	Goin	0.166	0.096	0.043	1.485
市场化进程	Mapr	45.566	12.689	4.929	94.488
产业结构	Inst	49.655	10.348	18.670	90.970
资本—劳动比	Clra	295844.745	234253.748	10572.224	4568352.000
投资率	Inra	0.680	0.256	0.087	2.169

二、变量分布特征描述

基于中国地级市 2006—2015 年的面板数据，根据计算的教育人力资本、健康人力资本和人口数量红利指标，利用 ArcGIS 10.2 软件，通过自然断裂法则分为 5 个等级（高水平、较高水平、中等水平、较低水平、低水平）分别做出期初（2006 年）和期末（2015 年）的人力资本红利专题地图（见图 5-2 至图 5-7）。

图 5-1 和图 5-2 显示，2006 年教育人力资本分布较为分散，高水平和较高水平地区主要是教育资源比较丰富的省会城市，包括北京、上海、南京、成都、杭州、西安等城市。中等水平大多是哈尔滨、包头、长春、昆明、南宁等规模较大的城市。低水平和较低水平地区占大多数，说明了教育资源分配的非均衡性。2015 年，全国范围内

教育人力资本水平得到普遍上升，而且北京、西安、南京、青岛等在2006年有较高水平教育人力资本的地区，不仅自身教育人力资本水平得到了提高，也带动了其周边地区教育人力资本的提高。同时，中西部城市低水平城市数量也不断减少，如昆明、南宁、银川、桂林等地教育人力资本有了显著提升，从较低水平变为较高水平。综上所述，

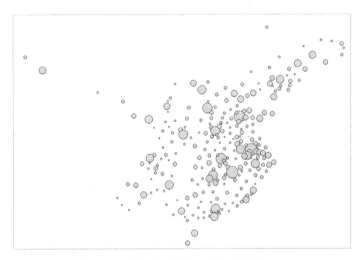

图 5-1　2006 年教育人力资本集聚图

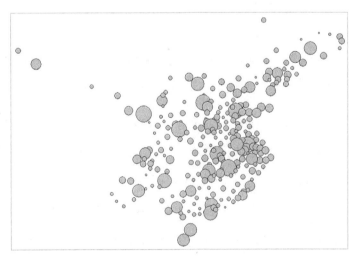

图 5-2　2015 年教育人力资本集聚图

随着时间推移，我国教育资源分配更加合理，高水平地区集聚是教育人力资本空间格局演变的主要特征。

图 5-3 和图 5-4 显示，健康人力资本的空间分布格局在 10 年间变化较大。2006 年健康人力资本水平较高的地区是在京津冀、长江三角洲、辽宁省和黑龙江省的沿海城市以及酒泉、昆明、乌鲁木齐等经济较为发达的城市。低水平地区主要是位于安徽、江西、云南等经济不发达的中西部城市。健康人力资本水平在 2015 年普遍提高，陕西、四川、甘肃等西部地区的健康人力资本水平提高较为明显，由低水平变为较高水平，且集聚程度较高。北京和上海等经济发达的东部沿海城市虽然健康人力资本水平也有了一定程度的提高，但是大规模的净流入人口数量也同步提升，导致其健康人力资本的平均水平低于中西部地区。综上所述，健康人力资本有从东部向西部转移，呈现均衡化发展的趋势，甚至未来中西部地区将呈现健康人力资本规模上的优势。

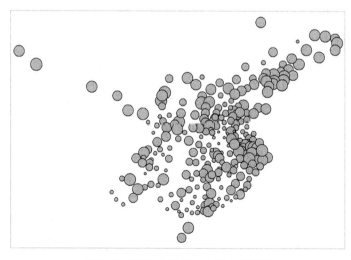

图 5-3　2006 年健康人力资本集聚图

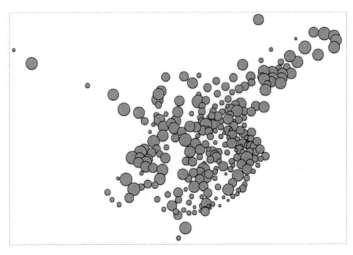

图 5-4　2015 年健康人力资本集聚图

　　图 5-5 和图 5-6 显示，2006 年劳动人口占比（人口数量红利）的高水平和较高水平的地区主要分布在京津冀、长江三角洲、珠江三角洲、黑龙江省以及武汉、西安、乌鲁木齐等经济发达的省会城市及地区。其次，中等水平地区主要分布在福建、辽宁等东部沿海地区以及酒泉、呼伦贝尔等较大城市周边地区。位于低水平的地区较多，大部分是安徽、广西、甘肃等中西部城市及地区。2015 年，高水平地区在原有的长江三角洲和珠江三角洲地区基础上增加了成都、重庆等西部城市，而东北三省和北京周边城市从较高水平变为较低水平。河南、山东等中部人口大省从低水平变为较低水平，中西部地区低水平城市明显减少，人口外流情况发生好转。说明随着经济的不断发展，人们对于就业城市的选择不再局限于东部沿海等经济发达的城市，而是逐渐向潜力较大而就业压力较小的中西部城市聚集，呈现由沿海地区向内陆转移的趋势。

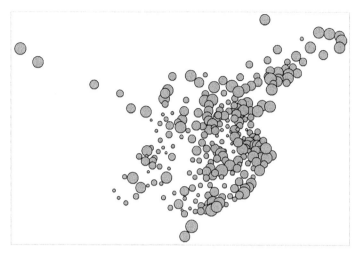

图 5-5　2006 年人口数量红利集聚图

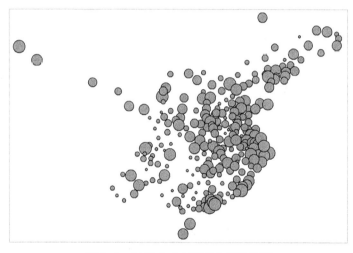

图 5-6　2015 年人口数量红利集聚图

三、变量自相关特征描述

从人力资本的空间格局演变可以看出人力资本具有明显的空间集聚与相关的特征，为了进一步从理论上明确空间相关性的存在，需要运用相关的空间统计量进行分析。

表 5-2 结果显示，空间维度上，教育人力资本对数（lnEhc）、健

康人力资本对数（ln*Hhc*）、人口数量红利对数（ln*Dedi*）以及实际人均 GDP 对数（ln*Pgdp*）的 Moran's I 指数在 2006—2015 年均显著为正，具有全域空间正相关特征，呈现高—高或低—低聚集的态势，同时表明人力资本、人口数量红利的集聚与经济增长集聚具有一定的空间关联。时间维度上，随着时间的推移，教育和健康人力资本空间聚集程度逐渐降低，尤其是健康人力资本的空间聚集水平呈现稳步下降的趋势，说明我国在健康人力资本等公共服务投资方面越来越注重均等化，落后地区与发达地区医疗服务水平的差距越来越小。人口数量红利的空间聚集态势在 2006—2012 年呈现逐步增强的态势，2012 年以后表现出减弱趋势，合理的解释是，2012 年金融危机后发达地区劳动力需求减少、产业结构升级过程中结构性失业增加以及生产成本上升引致产业梯度转移，使劳动力开始大量回流，导致劳动力在空间上的聚集程度相对之前有所降低。就地区人均实际 GDP 而言，2011 年以后的空间聚集水平普遍低于之前的年份，表明我国区域高—高聚集或低—低聚集的经济发展态势逐渐在弱化，发展不平衡问题得到了一定程度改善。

表 5-2　2006—2015 年变量空间自相关指数（Moran's I）

年份	ln*Ehc*	ln*Hhc*	ln*Dedi*	ln*Pgdp*
2006	0.044 (0.011)	0.149 (0.000)	0.083 (0.000)	0.095 (0.000)
2007	0.034 (0.036)	0.133 (0.000)	0.088 (0.000)	0.095 (0.000)
2008	0.032 (0.044)	0.119 (0.000)	0.101 (0.000)	0.069 (0.000)
2009	0.042 (0.013)	0.086 (0.000)	0.104 (0.000)	0.104 (0.000)

续表

年份	ln*Ehc*	ln*Hhc*	ln*Dedi*	ln*Pgdp*
2010	0.043 (0.013)	0.100 (0.000)	0.108 (0.000)	0.091 (0.000)
2011	0.040 (0.018)	0.087 (0.000)	0.104 (0.000)	0.102 (0.000)
2012	0.036 (0.029)	0.070 (0.000)	0.122 (0.000)	0.079 (0.000)
2013	0.042 (0.015)	0.054 (0.003)	0.091 (0.000)	0.081 (0.000)
2014	0.027 (0.069)	0.046 (0.008)	0.109 (0.000)	0.086 (0.000)
2015	0.024 (0.091)	0.054 (0.003)	0.090 (0.000)	0.078 (0.000)

注：括号内为 p 值。

四、变量相关性特征描述

经过上述分析我们可以发现，人力资本与经济增长的集群模式有一定的相似性，为了进一步推断二者之间的空间相关性，本书分别绘制了期初（2006）和期末（2015）其他城市教育人力资本、健康人力资本、人口数量红利（劳动人口占比）与本市实际人均 GDP 的 Moran 散点图。图 5-7 显示，其他城市教育人力资本（*lagged* ln*Ehc2006* 与 *lagged* ln*Ehc2015*）与本市实际人均 GDP（ln*Pgdp2006* 与 ln*Pgdp2015*）在期末和期初整体均呈现高—高或低—低聚集态势。其中，位于高—高区域的城市除了南京、常州等经济发达城市外，还有合肥、吉林等教育资源比较丰富的城市，位于低—低区域的城市主要包括如梅州、平凉、宜宾等规模较小的城市。

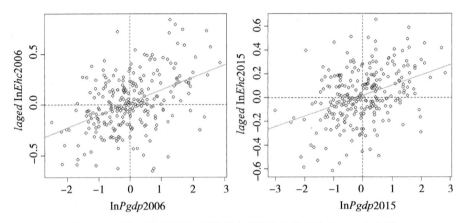

图5-7　本市人均 GDP 与其他城市教育人力资本的 Moran 散点图

　　图 5-8 显示，其他城市健康人力资本（*lagged* ln*Hhc*2006 与 *lagged* ln*Hhc*2015）与本地区实际人均 GDP（ln*Pgdp*2006 与 ln*Pgdp*2015）具有非典型观察值的城市在期末比期初明显增加，乌鲁木齐、南京、厦门等较发达城市均发生了跃迁（从高—高聚集的第一象限跃迁到高—低聚集的第四象限），期初明显的高—高和低—低聚集态势在期末呈现高—低和低—高聚集态势，呈现空间均衡分布特征。

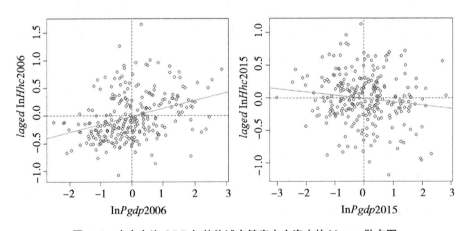

图5-8　本市人均 GDP 与其他城市健康人力资本的 Moran 散点图

图 5-9 显示，其他城市人口数量红利（*lagged* ln*Dedi2006* 与 *lagged* ln*Dedi2015*）与本地区实际人均 GDP（ln*Pgdp2006* 与 ln*Pgdp2015*）在期初和期末主要呈现高—高或低—低聚集的态势，即具有较高（低）经济发展水平的地级市被具有较高（低）劳动人口比重的地级市围绕。其中，位于高—高聚集区域的城市包括上海、苏州、珠海等东部发达城市，处于低—低聚集区域的城市包括普洱、宜宾、永州等中西部城市。综合而言，本地区经济会受到周边地区劳动人口占比（人口数量红利）、教育人力资本和健康人力资本不同程度的影响，而人力资本在空间上对经济增长到底起了多大的作用，作用方向如何，还需要进一步通过严格的计量模型进行实证分析。

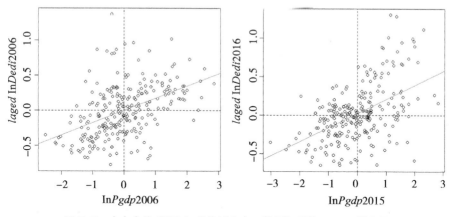

图 5-9　本市人均 GDP 与其他城市人口数量红利的 Moran 散点图

第三节　实证结果讨论

一、人力资本对经济增长的全域性空间溢出效应估计

从前文中对教育人力资本、健康人力资本、人口数量红利（劳动

人口占比）和实际人均 GDP 的空间相关性分析可以看出，教育人力资本、健康人力资本与人口数量红利在样本期内呈现显著的空间集聚分布特征。由于人口红利具有外部性作用，人力资本红利和人口数量红利集聚必然会对经济增长产生影响，而且 Moran 散点图也进一步说明经济发展水平较高的地区往往被有着较高健康人力资本、教育人力资本、人口数量红利的地区所包围。因此，在考察人力资本红利与经济增长之间的关系时，不能忽视空间因素的影响。

首先建立不考虑空间因素的普通面板数据模型，而通过 Hausman 检验应选择使用控制个体效应和时间效应的双向固定效应模型进行估计。最终估计结果如表 5-3 模型 1 所示。教育人力资本（lnEhc）、健康人力资本（lnHhc）和人口数量红利（lnDedi）均在 1% 的显著性水平下为正，与预期结果相一致。人口数量红利与人力资本依旧是推动中国经济增长的重要动力，但是随着中国老年抚养比的快速上升，人口年龄结构优势逐渐减弱，经济增长可利用的人口数量红利将逐渐消失（蔡昉，2009），而人力资本，特别是健康人力资本水平的提升可以有效缓解人口数量红利减弱对我国经济造成的不利影响。

表 5-3　人力资本对地区经济增长全域性空间溢出效应估计

	模型 1	模型 2（SDM）	模型 3（SDM）	模型 4（SDM）
lnEhc	0.146***(0.032)	0.123***(0.030)	0.126***(0.030)	0.138***(0.032)
lnHhc	0.382***(0.065)	0.372***(0.071)	0.373***(0.071)	0.438***(0.082)
ln$Dedi$	0.237***(0.041)	0.257***(0.045)	0.254***(0.044)	0.152***(0.041)
ln$Goin$	−0.097**(0.040)	−0.056*(0.032)	−0.070**(0.035)	—
ln$Mapr$	0.067***(0.022)	0.074***(0.020)	0.072***(0.019)	—
ln$Inst$	0.032(0.063)	−0.003(0.046)	0.013(0.053)	—
ln$Clra$	0.081***(0.023)	0.077***(0.020)	0.074***(0.021)	—

续表

	模型 1	模型 2（SDM）	模型 3（SDM）	模型 4（SDM）
ln*Inra*	0.057***(0.022)	0.037**(0.018)	0.041**(0.018)	—
*Spatial_*ln*Ehc*	—	0.068(0.049)	0.090*(0.051)	0.099*(0.054)
*Spatial_*ln*Hhc*	—	−0.206**(0.101)	−0.282***(0.098)	−0.238**(0.108)
*Spatial_*ln*Dedi*	—	−0.140***(0.049)	−0.149***(0.055)	−0.165***(0.056)
Spatial rho	—	0.677***(0.065)	0.612***(0.093)	0.619***(0.089)
_cons	6.829***(0.303)	—	—	—
城市效应	*yes*	*yes*	*yes*	*yes*
时间效应	*yes*	*no*	*yes*	*yes*
样本容量	2560	2560	2560	2560
Hausman test	308.99***	33.09***	33.09***	24.33***
F test/Wald test	29.65***	15.83***	17.61***	59.26***
F test/LR test	27.80***	26.80***	14.43***	95.08***

注：***、**、* 表示在 1%、5%、10% 水平上显著，括号内为（稳健）标准差。

模型 2、模型 3、模型 4 给出了考虑空间因素后的估计结果。对各个模型进行 Wald 检验和 LR 检验的结果表明空间杜宾模型是最优模型，进一步进行 Hausman 检验显示，应对各个模型使用固定效应进行估计，因此本章最终选择固定效应的空间杜宾模型进行全域空间计量分析。模型 4 通过剔除控制变量来检验模型 3 的稳健性，各个变量的显著性并没有太大变化。选择模型 3 作为最终结果解释全域范围内人力资本的空间效应。

模型 3 显示，相对于模型 1 在考虑了空间相关性之后，人口数量红利（ln*Dedi*）的弹性值从 0.237 上升到 0.254，说明在不考虑空间因素的情况下会低估人口数量红利对当地经济的促进作用。空间视域上，人口数量红利（*Spatial_*ln*Dedi*）的空间溢出项显著为负，说明人口数量红利在全国范围内以"虹吸效应"为主导形式呈现。劳动力丰富的城市对技术与资本的吸引力也较强，在这种情况下，技术和资本也更容易流向劳动力资源较为丰富的地区，在空间上形成竞争格局。周边地区较强的资源集聚和竞争优势可能会导致本地区生产要素流失，对本市经济增长产生负面效应，形成发展差距扩大的趋势。

模型 3 的估计结果中教育人力资本（$\ln Ehc$）与健康人力资本（$\ln Hhc$）每提高 1%，可以促进本市实际人均 GDP 分别增长 0.126% 和 0.373%。人口受教育程度和身体素质的提高可以直接导致劳动者生产效率的提高。同时也间接证明了提升教育人力资本和健康人力资本可以补偿逐渐消失的人口数量红利，减轻人口年龄结构老化对经济增长带来的消极影响。从弹性系数来看，健康人力资本对本市经济增长的促进作用高于人口数量红利和教育人力资本。说明随着人口老龄化和教育的进一步普及，健康人力资本的边际作用开始凸显，并在一定程度上超越了教育人力资本对本地区经济增长的边际贡献。健康人力资本在经济增长的过程中发挥基础性的作用，协同其他人力资本（如教育人力资本）与人口数量红利成为一国经济增长的原动力，这为中国从"数量型"人口红利到"质量型"人口红利的经济增长动力转换提供了新的证据。

就人力资本的空间效应来看，估计结果显示，教育人力资本在空间维度上对周围城市经济增长以"扩散效应"为主导形式呈现（$Spatial\_\ln Ehc$ 弹性系数为正）。人力资本往往通过技术创新促进经济增长，拥有较高教育人力资本的地区意味着其具有较高的技术创新能力，可以对邻近地区产生外溢作用提升其全要素生产率，对邻近地区产生间接的经济增长效应。同时，教育人力资本的外溢作用与邻近地区的资本、劳动等生产要素结合，提升了要素的使用效率，也能间接促进邻近地区经济增长（高远东、花拥军，2012）。对于健康人力资本而言，健康人力资本对邻近地区的经济增长以"虹吸效应"为主导形式呈现（$Spatial\_lnHhc$ 弹性系数为负）。在当前中国医疗卫生服务领域"甩包袱"式的市场化条件下，医疗卫生资源越来越向人口密度高、人均收入水平较高的地区聚集（王延中、冯立果，2007），促进发达地区经济快速增长的同时，对欠发达地区健康人力资本的效率造成了损失，导致欠发达地区丧失了对健康人力资本投资的积极性，地区间人力资本差距将进一步扩大（樊士德等，2011）。健康人力资本分布不平衡必然会加剧地区间经济增长差距（李亚玲、汪戎，2006），在循环因果效应的作用下发达地区对欠发达地区的虹吸作用会越来越强。此外，地区人均 GDP 的估计系数（$Spatial\ rho$）显著为正表明地区间经济增长存在空间扩散效应，这与潘文卿（2012）等学者的研究结论相一致。

控制变量中，政府干预程度（$lnGoin$）弹性系数为负、市场化进程（$lnMapr$）为正，表明当前政府应适当减少对市场的干预、着力实施"简政放权"提高市场活力。我国市场经济体制逐渐完善的过程中，政府干预在资源配置中的效率降低，政府投资规模的不断加大将会造成边际收益递减，使投资回报率逐渐下降。当政府投资的边际收益低于其他资本时，政府支出的挤出效应将不利于经济增长。尤其在资本要素比较稀缺的行业，要素价格可能会受政府投资推动，政府对经济资源的错配，反而会产生不公平的市场竞争现象，扰乱市场运行，一定程度上则会对经济增长形成抑制作用。与政府干预相对应，市场化进程变量的估计系数显著为正，表明市场化进程的推进对我国经济增长具有积极促进作用。当前我国产品市场、生产要素市场进出相对自由，市场主体对要素资源的配置能力日益增强，在相对公平的市场环境中，市场主体将能充分获取市场信号以形成良性竞争，优化市场秩序与资源配置，最终实现稳定的经济增长。

资本—劳动比（$\ln Clra$）的弹性系数显著为正表明，"资本驱动"是我国经济增长的重要推动力量。资本—劳动比一方面反映了资本深化程度，另一方面也体现了资本密集度对经济增长的重要作用，尤其在投资收益边际递减的情形下，经济增长将较大程度受资本深化的作用。第二产业比重（$\ln Inst$）和投资率对经济增长的影响显著为正表明，工业经济和固定资产投资对我国经济增长具有重要推动作用。中国经济增长具有高度的"路径依赖"特征，工业化进程和"投资驱动"特征明显，而且二者之间相互促进。研究表明，仅依靠投资驱动，中国工业经济便可实现年均5.59%的较快增长（江飞涛等，2014）。但是长期而言，投资占比上升必将以消费下降为代价，形成产能过剩与内需不足的矛盾，弱化经济增长动力，因此需积极改变目前的"路径依赖"。

二、人力资本对经济增长的局域性空间溢出效应估计

既往研究在经济聚集的空间维度上考察人力资本的空间增收效应时，仅将距离倒数作为权重，计算每个地区的相对于全局范围的人力资本潜力。这并未充分考虑一国内部基于经济聚集范围变化时地区之间人力资本潜力的改变。即难以反映基于运输成本（距离）变化后，地区间人力资本在局域空间上形成的空间邻近性的经济效应。这里进一步考察基于运输成本（距离）变化时地区间人力资本形成的空间邻近性的经济效应。一般而言，随着地区间间隔距离的增加，由距离倒

数权重计算的地区人力资本空间溢出项快速下降，将导致地区收入水平对于不同圈层距离人力资本潜力的敏感程度存在差异，若存在市场壁垒或分割，将不能把全域范围的地区纳入计算本地区人力资本空间溢出项，用 LeSage 和 Pace（2009）的观点解释，因为城市之间往往缺乏良性互动，运输成本或政府行为的制约往往会形成相互分割的经济运行空间。此时，可以用对应于空间距离变化权重矩阵下的直接效应或间接效应的显著性来判定是否存在一定程度的"空间分割"，从而推断城市人力资本红利的空间作用范围。

从地区间距离本身出发，按城市间最短距离范围（每个地区至少涵盖一个空间邻接单元）将经济地理空间划分多个圈层，模拟分析地区工资水平对于来自不同圈层距离范围的人力资本的空间效应。这里选择 0—526 千米设定为最短距离①，该距离能够保证各个城市至少有一个空间相邻城市，然后以 500 千米作为步进距离构造空间权重矩阵，进行连续性估计，以检验结论的稳健性水平。该距离逐渐增加可用来模拟市场一体化程度的逐渐提升，即可以认为国内各地区隐形市场壁垒和地理壁垒两个层面的市场分割逐渐减少，区域要素流或商品流在低成本情形下跨区域发生，意味着市场关联程度的逐步增加。表 5–4 估计结果表明，教育人力资本、健康人力资本和人口数量红利的空间溢出项符号与前文一致，表明了前文结论的稳健性。需要注意的是，随着距离阈值的增大，空间溢出项的系数绝对值也逐渐增大，表明经济聚集范围、市场边界的扩大，会产生更高的人力资本红利的空间效应。此外，人均实际 GDP 空间溢出项的估计系数（*Spatial rho*）也表

---

　　① 由地理权重矩阵可知，任意两个城市间的地理距离在 526—3868 千米之间。0—3868 千米为考虑所有地区具有空间相互作用的估计结果（表 5–3 的估计结果）。

明，随着地区地理壁垒的逐渐削弱，市场一体化水平的提升，地区间经济增长的相互促进作用也将随之增强。

表 5-4　人力资本对地区经济增长局域性空间溢出效应估计

	模型 5	模型 6	模型 7	模型 8	模型 9	模型 10
距离门槛值	$D \leqslant 526$	$D \leqslant 1026$	$D \leqslant 1526$	$D \leqslant 2026$	$D \leqslant 2526$	$D \leqslant 3026$
ln*Ehc*	0.124***	0.124***	0.125***	0.125***	0.125***	0.125***
	(0.030)	(0.030)	(0.030)	(0.030)	(0.030)	(0.030)
ln*Hhc*	0.373***	0.376***	0.375***	0.374***	0.373***	0.373***
	(0.071)	(0.071)	(0.071)	(0.072)	(0.072)	(0.071)
ln*Dedi*	0.254***	0.254***	0.254***	0.253***	0.253***	0.254***
	(0.044)	(0.044)	(0.044)	(0.044)	(0.044)	(0.044)
ln*Goin*	−0.069*	−0.069*	−0.070**	−0.071**	−0.070**	−0.070**
	(0.036)	(0.035)	(0.035)	(0.035)	(0.035)	(0.035)
ln*Mapr*	0.070***	0.072***	0.072***	0.072***	0.072***	0.072***
	(0.019)	(0.019)	(0.019)	(0.019)	(0.019)	(0.019)
ln*Inst*	0.011	0.016	0.018	0.016	0.015	0.014
	(0.053)	(0.053)	(0.053)	(0.053)	(0.053)	(0.053)
ln*Clra*	0.074***	0.073***	0.074***	0.074***	0.074***	0.074***
	(0.021)	(0.021)	(0.021)	(0.021)	(0.021)	(0.021)
ln*Inra*	0.039**	0.040**	0.040**	0.040**	0.041**	0.041**
	(0.018)	(0.018)	(0.018)	(0.018)	(0.018)	(0.018)
Spatial_ln*Ehc*	0.066	0.081*	0.087*	0.089*	0.090*	0.090*
	(0.041)	(0.045)	(0.047)	(0.049)	(0.050)	(0.051)
Spatial_ln*Hhc*	−0.199***	−0.253***	−0.267***	−0.273***	−0.278***	−0.280***
	(0.072)	(0.084)	(0.089)	(0.093)	(0.096)	(0.097)
Spatial_ln*Dedi*	−0.129***	−0.138***	−0.144***	−0.148***	−0.148***	−0.149***
	(0.046)	(0.051)	(0.053)	(0.054)	(0.055)	(0.055)
Spatial rho	0.463***	0.537***	0.572***	0.595***	0.606***	0.610***
	(0.079)	(0.086)	(0.089)	(0.092)	(0.093)	(0.093)
城市效应	*yes*	*yes*	*yes*	*yes*	*yes*	*yes*

续表

	模型 5	模型 6	模型 7	模型 8	模型 9	模型 10
时间效应	*yes*	*yes*	*yes*	*yes*	*yes*	*yes*
样本容量	2560	2560	2560	2560	2560	2560

注：***、**、* 表示在 1%、5%、10% 水平上显著，括号内为（稳健）标准差。

第四节　稳健性检验

一、基于经济距离矩阵的稳健性检验

按照邻近经济学的观点，经济事物之间的空间联系既包括地理邻近，也包括组织邻近，经济水平相似的地区能够更好地进行人才交流与知识传播，因此本书借鉴李婧等（2010）研究，进一步构建经济距离矩阵考察社会经济特征对人口红利空间效应的影响，具体形式为：

$$W_e = W_d \times diag(\frac{\overline{Y_1}}{\overline{Y}}, \frac{\overline{Y_2}}{\overline{Y}}, \cdots, \frac{\overline{Y_n}}{\overline{Y}}) \qquad (5-6)$$

式（5-6）中，W_d 为基于地理距离的空间权重矩阵，$\overline{Y_i} = \frac{1}{t_1 - t_0 + 1} \sum_{t_0}^{t_1} Y_{it}$，为考察期内第 i 市实际人均 GDP 的平均值，$\overline{Y} = \frac{1}{n(t_1 - t_0 + 1)} \sum_{i=1}^{n} \sum_{t_0}^{t_1} Y_{it}$ 为考察期内全国实际人均 GDP 平均值，t 为不同年份。通过上述矩阵可以发现，当一个地区的人均 GDP 占全国总均值的比重较大（$\frac{\overline{Y_i}}{\overline{Y}} > \frac{\overline{Y_j}}{\overline{Y}}$）时，其对周边地区的影响也越大，即经济发展水平较高的地区对经济水平较低的地区会产生更强的辐射作用。另外，按照前文方式，用各地级市之间地理距离平方的倒数建立 W_d，并进行行标准化处理，用实际人均 GDP 表示地区经济发展水平。

表 5-5 估计结果显示，在考虑了区域社会经济特征对人力资本红利空间效应造成的影响后，各模型中的变量除了显著性有所变化外，

与前文中所得结论保持一致，结论具有稳健性。即人口数量红利虽然能够促进本地区经济发展，但由于劳动力匮乏等因素影响呈现市域间的竞争态势。教育人力资本在市域间呈现显著的扩散效应，健康人力资本呈现显著的虹吸效应。

表 5-5　基于经济距离权重的估计

	模型 11	模型 12
lnEhc	0.126***(0.030)	0.139***(0.032)
lnHhc	0.375***(0.071)	0.441***(0.080)
ln$Dedi$	0.252***(0.043)	0.152***(0.040)
ln$Goin$	−0.076**(0.036)	—
ln$Mapr$	0.071***(0.019)	—
ln$Inst$	0.024(0.056)	—
ln$Clra$	0.074***(0.021)	—
ln$Inra$	0.040**(0.019)	—
Spatial_lnEhc	0.115**(0.053)	0.119**(0.055)
Spatial lnHhc	−0.287***(0.101)	−0.238***(0.109)
Spatial_ln$Dedi$	−0.133***(0.047)	−0.162***(0.048)
Spatial rho	0.514***(0.084)	0.518***(0.08)
城市效应	yes	yes
时间效应	yes	yes
样本容量	2560	2560
Hausman test	35.03***	24.02***
Wald test/F test	68.49***	17.99***
LR test	57.59***	15.98***

注：***、**、* 表示在 1%、5%、10% 水平上显著，括号内为（稳健）标准差。

二、基于添加其他控制变量空间溢出项的稳健性检验

考虑到政府干预、市场化进程等控制变量对邻近地区经济增长也

可能存在空间溢出效应，这里将添加其他控制变量的空间溢出项进入回归模型（见表5-6）检验前文结论的稳健性水平。估计结果显示，各个变量（包括空间溢出项）回归系数的符号和显著性水平没有明显改变，说明前文中的结论具有较强的稳健性。

表5-6　基于加入控制变量空间溢出项的估计

	模型13
lnEhc	$0.126^{***}(0.030)$
lnHhc	$0.374^{***}(0.071)$
ln$Dedi$	$0.256^{**}(0.045)$
ln$Goin$	$-0.063^{*}(0.037)$
ln$Mapr$	$0.074^{***}(0.019)$
ln$Inst$	$0.044(0.059)$
ln$Clra$	$0.076^{***}(0.021)$
ln$Inra$	$0.045^{**}(0.018)$
Spatial_lnEhc	$0.094^{*}(0.055)$
Spatial lnHhc	$-0.184^{*}(0.102)$
Spatial_ln$Dedi$	$-0.260^{***}(0.099)$
Spatial_ln$Goin$	$-0.080(0.098)$
Spatial_ln$Mapr$	$-0.073(0.060)$
Spatial_ln$Inst$	$-0.183(0.183)$
Spatial_ln$Clra$	$-0.082(0.079)$
Spatial_ln$Inra$	$0.041(0.056)$
Spatial rho	$0.620^{***}(0.090)$
城市效应	yes
时间效应	yes
样本容量	2560

注：***、**、* 表示在1%、5%、10%水平上显著，括号内为（稳健）标准差。

　　本章使用 2006—2015 年中国 256 个地级市的面板数据，以行标准化后的城市间距离平方倒数作为空间权重矩阵，研究空间视角下人力资本对中国经济增长的影响，从全域范围和局域范围共同考察了教育人力资本、健康人力资本和人口数量红利（劳动人口占比）三个变量对地区实际人均 GDP 的边际作用特征；使用经济距离矩阵、添加其他控制变量空间溢出项的方式进行了稳健性检验。结论表明，人口数量红利与人力资本对地区经济增长均有显著作用，而人力资本对本地区经济增长的促进作用高于人口数量红利，表明我国人力资本红利将能缓解逐渐消失的人口数量红利。从空间维度看，全域空间上，人口数量红利和健康人力资本对经济增长呈现出显著的空间虹吸效应，表明劳动人口和健康人力资本的分布不均衡性会扩大市域间经济增长差距；教育人力资本对经济增长呈现出空间扩散效应，表明地区教育水平提升将一定程度地促进周边地区的经济增长，合理利用教育人力资本的空间扩散效应将有效缩小地区间的经济增长差距。局域空间上，基于不同距离门槛值的估计结论表明，随着地区间空间壁垒的逐渐削弱、市场边界范围的逐渐扩大或人力资本潜力的逐渐提升，地区间人力资本对经济增长的边际作用将会逐渐增强。

第六章　中国人力资本红利的时间—空间效应实证分析

　　上文采用地级市层面数据证实了人力资本对地区经济增长存在显著的空间溢出效应。对于人力资本红利时间—空间效应的考察，本章将在第五章的基础上进一步融合2012—2016年中国劳动力动态调查微观样本，采用多层次空间计量模型，研究地区人力资本水平对劳动者工资收入的时间—空间效应及变动特征，这将能更为细致地刻画地区人力资本在空间上对异质劳动力群体的红利效应。劳动力作为人力资本的主要载体，劳动生产率与就业水平的提升均是开发我国人力资本红利的重要途径。因此，如果人力资本随时间推移会改变其对劳动者工资收入的提升作用，人力资本提升形成的红利效应则可能会对劳动力市场就业产生影响，本章将进一步分析地区人力资本对劳动者就业的时间—空间效应，综合考量人力资本对我国劳动力市场形成的红利效应，寻找提升我国劳动力市场运行效率及人力资本红利开发更有效的途径。

第一节　模型设定、数据来源与变量构造

一、模型设定

由于涉及地区城市人力资本和劳动者个体特征两个层面数据，存在处理层次数据时的异质性问题。即同一地区不同个体之间具有相关性，违反了传统统计方法要求各观测点之间相互独立的基本假定。为此，本书采用多层次回归估计模型，通过层次结构中每一层级的残差来克服这一限制，避免影响因子的作用程度估计偏误。基本表达式为：

$$\ln w_{i,r} = \beta_{0,r} + \beta_{1,r} X_{i,r} + \varepsilon_{i,r} \tag{6-1}$$

$$\beta_{0,r} = \eta_{0,0} + \eta_{0,1} HC_r + \alpha_{0,r} \tag{6-2}$$

$$\beta_{1,r} = \eta_{1,0} + \eta_{1,1} HC_r + \alpha_{1,r} \tag{6-3}$$

式（6-1）中，$w_{i,r}$ 表示地区 r 的第 i 个个体的工资性收入，$X_{i,r}$ 表示地区 r 的第 i 个个体的个人特征（性别、年龄、受教育年限等），式（6-2）和式（6-3）中 HC_r 表示地区 r 的人力资本水平[①]，$\alpha_{0,r}$、$\alpha_{1,r}$ 为宏观水平上的误差项。多层次回归模型基本思想是，同一城市中的个体变异较小，不同城市中的个体变异较大，因而具有不同人力资本水平城市中的个体特征估计系数所受的影响具有异质性，其混合模型可表示为：

$$\ln w_{i,r} = \eta_{0,0} + \eta_{0,1} HC_r + \alpha_{0,r} + (\eta_{1,0} + \eta_{1,1} HC_r + \alpha_{1,r}) X_{i,r} + \varepsilon_{i,r}$$

$$即 \ln w_{i,r} = \eta_{0,0} + \eta_{0,1} HC_r + \eta_{1,0} X_{i,r} + \eta_{1,1} HC_r \times X_{i,r} + (\alpha_{0,r} + \alpha_{1,r} X_{i,r} + \varepsilon_{i,r}) \tag{6-4}$$

式（6-4）又称为协方差分解模型（Covariance Component Model，CCM），包含固定系数（η）和随机系数（α），随机系数随着城市而变

---

① 这里包括第五章中的地区教育人力资本（Ehc）与地区健康人力资本（Hhc）。

化。式（6-4）由 4 个部分组成，包括城市变量（城市人力资本）、个体特征变量以及两个变量的交互项和误差项。需要注意的是，模型不满足经典假设中误差项独立、同方差假定。因为误差项与解释变量相关，而且依赖于宏观误差（α）随城市的变化而变化，也依赖于个体特征变量（$X_{i,r}$）而变化。故模型不适合最小二乘回归（OLS）分析，本章采用迭代最大似然法进行估计。进一步考虑城市人力资本空间溢出效应的表达式为：

$$\ln w_{i,r} = \eta_{0,0} + \eta_{0,1}HC_r + \rho_{0,1}\sum_{m \neq r} W \times HC_m + \eta_{1,0}X_{i,r} + \eta_{1,1}HC_r * X_{i,r}$$
$$+ \rho_{1,1}\sum_{m \neq r} W \times HC_m \times X_{i,r} + (\alpha_{0,r} + \alpha_{1,r}X_{i,r} + \varepsilon_{i,r}) \tag{6-5}$$

式（6-5)中，W 为空间权重矩阵，HC_m 为其他地区人力资本水平。$\rho_{0,1}$ 为其他地区人力资本的加权平均值对本地区劳动者 i 的工资性收入的影响系数。

二、数据来源

本章数据主要来源于 2012—2016 年的中国劳动力动态调查（CLDS）数据和《中国城市统计年鉴》，其中 CLDS 微观样本以两年为周期进行调查。在微观数据处理上，根据国际上对劳动年龄一般定义，保留年龄在 15—64 岁之间，有工作或者在找寻工作的劳动力样本，筛选后得到 2012 年、2014 年、2016 年样本分别为 9845 个、18890 个、16548 个，其中统计了工资收入的有效样本分别为 3645 个、5470 个、6410 个。根据抽样调查中提供的城市代码，将宏观变量（地区人力资本变量）与微观变量（劳动力个人特征变量）匹配，最终构成实证检验的数据样本。地区间相邻信息根据国家地理信息系统网站提供的

1：400万电子地图得到。

三、变量构造

（一）被解释变量

劳动者工资性收入，为使不同年份的劳动力工资性收入（包括所有的工资、各种奖金、补贴，扣除个人所得税）数据具有可比性，以2012年为基期，用消费者价格指数对2014年、2016年收入水平进行调整，并进行最高和最低1%水平极端值处理。

（二）解释变量

解释变量融合了宏观和微观两个层面的变量，（1）地区人力资本变量沿用第五章中的地区教育人力资本对数（$lnEhc$）和地区健康人力资本对数（$lnHhc$）及其各自的空间溢出项[①]。（2）为了进一步考察微观层面的人力资本红利，本书也将劳动者个体人力资本水平纳入考察范围，包括劳动者受教育年限（$Education$）和健康状况（$Health$），分别设定如下：受教育年限（问卷中反映目前接受最高教育程度的选项是：没有受过任何教育、私塾、小学、初中、职业高中、普通高中、中专、技校、大学专科（全日制）、大学专科（非全日制）、大学本科（全日制）、大学本科（非全日制）、研究生及以上，本书将其折算为受教育年限依次为：0年、6年、6年、9年、12年、12年、12年、15年、15年、16年、16年、19年；健康状况（问卷中反映身体健康状况的选项是：非常不健康、比较不健康、一般、健康、非常健康，将其值分别设置为1—5）。

---

① 由于CLDS数据并没有调查所有的256个城市，但是为了更为全面地考察地区人力资本的空间效应，这里仍以第五章中所有城市数据计算人力资本的空间溢出项。

（三）控制变量

参照 Mincer（1974）工资方程与既往研究，选取以下 3 类控制变量，一是从人口社会学特征角度反映劳动者效率的指标，包括性别（女性为参照组）、年龄[①]、户籍（农村户籍为参照组）、政治面貌（非中共党员身份为参照组）；二是劳动者所属单位的性质，即是否属于体制内工作，主要指现在的工作机构属于党政机关或人民团体或军队、国有或集体事业单位、国有企业或国有控股企业等，是则取值为 1，否则取值为 0；三是控制劳动者所处的行业差异对劳动者收入水平的影响。

（四）变量描述

表 6-1 变量统计结果显示，2012—2016 年我国劳动者平均工资收入为 30222.08 元，总样本中男性占比 47.8%，平均年龄在 42.526 岁，我国劳动者健康状况的平均水平位于一般与健康之间，仍有较大提升空间。我国劳动者平均受教育年限仍然较低，为 9.112 年。总样本中 8.1% 的劳动者具有党员身份，11.2% 的劳动者位于国营单位工作。

表 6-1　变量描述性统计

文中表述	均值	标准差	最大值	最小值	样本量
工资收入（元）	30222.08	24585.78	181554.1	936.84	15525
性别（男性 =1）	0.478	0.500	1	0	45283
年龄（岁）	42.526	13.617	64	15	45283
城市户籍（城市户籍 =1）	0.321	0.467	1	0	45283
健康状况	3.667	0.987	5	1	45283

[①]　考虑到年龄对劳动者工资收入影响具有非线性特征，本书引入年龄平方 /100 表示（除以 100 的目的在于提高回归系数的可阅读程度）。

文中表述	均值	标准差	最大值	最小值	样本量
受教育年限（年）	9.112	4.058	19	0	45283
党员身份（中共党员 =1）	0.081	0.273	1	0	45283
国营单位（国营单位 =1）	0.112	0.315	1	0	45283

　　表 6-2 给出了异质性劳动者个人特征变量的均值描述性统计。结果显示，（1）从工资水平看，男性年均工资收入水平为 33085 元，高于女性平均水平约 6493 元；城市劳动者工资平均水平为 37760 元，相对于农村劳动者平均高出 11887 元，高、低技能劳动者工资差距在 18751 元，东部地区劳动者工资高出中西部劳动者 4324 元，综合而言，东部、城市、高技能、男性劳动者拥有相对更高的工资收入。（2）从年龄看，高技能或高学历劳动者平均年龄更小，为 35 岁左右，比低技能劳动者平均年龄约小 10 岁，表明我国年轻一代劳动者具有更高的教育人力资本水平，受教育年限明显得到提升。（3）就户籍而言，76.4% 的高技能劳动者属于城市户籍，而 75% 的低技能劳动者属于农村户籍，表明长期以来的户籍分割制度是城乡教育差距形成的重要因素。（4）城市劳动者健康水平要高于农村劳动者，高技能劳动者平均健康水平接近良好等级（3.958），明显高于低技能劳动者（3.620），此外，东部地区劳动者相对于中西部地区的劳动者拥有更好的健康水平，以上可能与劳动者群体的年龄特征紧密相关。（5）从受教育年限看，男性劳动者平均高于女性劳动者 1 年，而且城乡差异较大，农村户籍劳动者平均受教育年限低于城市户籍劳动者约 4 年，东部地区劳动者（9.415 年）高于中西部地区劳动者（8.803 年），这主要归因于东部地区聚集了更多年轻、高学历劳动者。（6）男性拥有党

员身份的劳动者比例明显高于女性，分别为 11.5% 和 5%，而且相对集中于城市地区，城市和农村的党员比例分别为 16.4% 和 4.2%。党员中高技能劳动者占比更高，26.5% 的大专以上学历劳动者拥有党员身份，而高中及以下学历劳动者群体中党员占比仅有 5.2%，东部地区和中西部地区具有党员身份的劳动者占比差距较小，呈现区域平衡分布特征。（7）国营单位男性劳动者占比明显高于女性，分别为 13.7% 和 9%，城市劳动者中 23.3% 属于国营单位，农村劳动者中的这一占比较低，约为 5.5%。高技能劳动者 33.2% 位于国营单位，而低技能劳动者不到 8%，表明国营单位的岗位要求可能更高，更偏好于城市、高学历劳动者。分区域看，东部和中西部地区国营单位劳动者比例差距较小。

表 6-2 变量分组描述性统计

	男性	女性	城市	农村	低技能	高技能	东部	中西部
工资收入（元）	33085	26592	37760	25873	26540	45291	32078	27754
样本量	8679	6846	5680	9845	12477	3048	8860	6665
性别（男性 =1）	—	—	0.472	0.480	0.473	0.506	0.475	0.480
年龄（岁）	42.596	42.462	42.933	42.333	43.796	34.614	42.228	42.830
城市户籍（城市户籍 =1）	0.371	0.324	—	—	0.250	0.764	0.327	0.315
健康状况	3.717	3.620	3.741	3.63	3.620	3.958	3.737	3.595
受教育年限（年）	9.699	8.575	11.767	7.856	—	—	9.415	8.803
党员身份（中共党员 =1）	0.115	0.050	0.164	0.042	0.052	0.265	0.078	0.085
国营单位（国营单位 =1）	0.137	0.090	0.233	0.055	0.077	0.332	0.115	0.109
样本量	21639	23644	14546	30737	39020	6263	22871	22412

注：按个人受教育年限划分为高技能群体（>12 年）与低技能群体（≤ 12 年）。

第二节　人力资本对劳动者增收的全域性时间—空间效应估计

一、全样本估计

表6-3中，模型3、模型4在模型1、模型2的基础上进一步纳入地区健康人力资本，教育人力资本估计系数并无显著变化，表明模型估计结果较为稳健。首先，劳动者个体健康状况以及教育水平提升均能显著提高工资收入，表明健康和教育人力资本是劳动者工资收入的重要决定因素，表现出微观层面的人力资本红利。其次，模型3的估计结果表明，地区教育人力资本对于劳动者个体收入的提升具有滞后效应，随着时间的推移才会逐渐凸显，长期看，地区教育人力资本对劳动者个体收入的边际作用呈现逐步增加的态势。对于健康人力资本而言，地区整体医疗健康人力资本水平的提升对劳动者工资收入的影响在观测期内不显著，而个人健康状况估计系数显著为正，综合而言，健康对劳动者工资收入具有提升作用，而且个人健康状况的影响更为显著。

从空间维度看（模型3），地区教育人力资本具有显著的空间扩散效应，能带动周边地区劳动者收入提升，但是随着时间的推移，这种效应会逐渐消失，表明需要建立地区间教育人力资本的长效沟通机制才能持续有效发挥其对邻近地区的扩散带动功能。地区健康人力资本水平的空间效应具有滞后特性，而且呈现空间虹吸效应，即本地区劳动者收入增长会由于周边地区健康人力资本水平的提升受到制约，且具有可持续性，表明地区间医疗健康水平的差距一旦形成，将能产生持续的虹吸效应，拉大地区间工资差距，因而只有建立均等化的医疗服务机制才能有效促进地区间收入平衡增长。在考虑地区间经济关联时，即采用经济距离作为空间权重矩阵时（模型4），地区健康人力资本对劳动者收入的空间虹吸效应相对延迟了，表明在地理距离基础上增加地区经济关联将能有效制约地区健康人力资本提升对邻近地区的虹吸效应。

结合地方政府制度模仿、竞争的特点与我国人力资本的时间—空间效应可知，出于对本地区经济发展的保护，各个城市在制度架构、财政支出结构乃至产业结构调整等多个层面呈现相互竞争、策略互动的特点（周亚虹等，2013）。这种"自上而下"的标尺竞争会导致地方政府在短期的经济发展方式、人力资本投资结构等方面迅速趋同，即形成了人力资本特别是教育人力资本投资中的空间扩散效应。但是随着时间的推移，由于各地区经济基础与资源禀赋结构上的差异，以及改革开放后在"增长极"理论影响下采取的非平衡发展战略，区域间经济结构逐渐失衡。在市场经济条件下，由于劳动者更追求实际工资，必然会流向能带来更高真实收入的地区，而这种流动将成为经济活动地理集中的推动力和基本因素，人口和产业在地区间趋异，形成中心—外围的产业分布格局，拉大地区间的经济发展差距，最终呈现人力资本特别是健康人力资本投资在地区间的空间竞争特点。

表6-3　人力资本对劳动者增收的全域性时间—空间效应估计

	模型 1 (W_d)	模型 2(W_e)	模型 3 (W_d)	模型 4 (W_e)
lnEhc	−0.023(0.036)	−0.015(0.037)	−0.005(0.055)	−0.013(0.056)
lnEhc×$Year$2014	0.132***(0.035)	0.127***(0.036)	0.124**(0.051)	0.134**(0.052)
lnEhc×$Year$2016	0.153***(0.040)	0.147***(0.039)	0.127**(0.056)	0.135**(0.057)
W×lnEhc	0.325*(0.179)	0.336**(0.163)	0.393**(0.178)	0.377**(0.162)
W×lnEhc×$Year$2014	−0.168(0.182)	−0.236(0.165)	−0.032(0.177)	−0.083(0.161)

	模型 1 (W_d)	模型 2(W_e)	模型 3 (W_d)	模型 4 (W_e)
$W \times \ln Ehc \times Year2016$	−0.079(0.212)	−0.227(0.205)	0.0004(0.192)	−0.102(0.177)
$\ln Hhc$	—	—	−0.145(0.201)	−0.066(0.204)
$\ln Hhc \times Year2014$	—	—	0.104(0.194)	0.033(0.194)
$\ln Hhc \times Year2016$	—	—	0.229(0.210)	0.141(0.217)
$W \times \ln Hhc$	—	—	0.660(0.418)	0.400(0.349)
$W \times \ln Hhc \times Year2014$	—	—	−0.834**(0.425)	−0.544(0.360)
$W \times \ln Hhc \times Year2016$	—	—	−1.819***(0.475)	−1.394***(0.402)
Age	0.054***(0.004)	0.054***(0.004)	0.054***(0.004)	0.054***(0.004)
$Age^2/100$	−0.068***(0.005)	−0.067***(0.005)	−0.067***(0.005)	−0.067***(0.005)
$Gender$	0.244***(0.016)	0.244***(0.016)	0.245***(0.016)	0.245***(0.016)
$Identity$	0.085***(0.030)	0.085***(0.030)	0.088***(0.030)	0.088***(0.030)
$Health$	0.102***(0.008)	0.102***(0.009)	0.102***(0.008)	0.102***(0.008)
$Education$	0.034***(0.003)	0.034***(0.003)	0.034***(0.003)	0.034***(0.003)
$Party$	0.092***(0.022)	0.092***(0.022)	0.093***(0.022)	0.093***(0.022)
$State$	0.114***(0.024)	0.113***(0.023)	0.119***(0.023)	0.119***(0.023)
$Year2014$	0.104(0.909)	0.496(0.894)	2.113(1.505)	1.545(1.440)
$Year2016$	−0.265(1.033)	0.525(1.080)	5.379***(1.697)	4.660***(1.432)
常数项	6.698***(0.876)	6.531***(0.852)	4.497***(1.419)	5.143***(1.286)
行业虚拟变量	控制	控制	控制	控制
LR test	χ^2= 646.04 (p=0.000)	χ^2= 677.74 (p=0.000)	χ^2= 607.77 (p=0.000)	χ^2= 626.90 (p=0.000)
样本容量	15525	15525	15525	15525
Log pseudolikelihood	−17672.33	−17668.95	−17609.59	−17625.42

注：***、**、* 表示在 1%、5%、10% 水平上显著，括号内为（稳健）标准差。LR test（似然比检验）为多层次模型的选择的判断标准，p 值小于 0.05 表明应该选择多层次回归模型。

　　其他个体特征变量中，年龄和年龄平方项分别与劳动者工资收入呈现正相关和负相关，反映劳动者年龄与工资收入之间先增后降的倒

U 型关系；男性工资收入要高于女性，城市户籍劳动者工资收入水平相对农村户籍劳动者更高，可能归因于城市人力聚集形成规模效应导致其将获得更高报酬；具有党员身份以及在国营企业的劳动者收入相对更高，党员身份、国营企业劳动者具有更高的技能水平（平均受教育年限分别为 12.67 年、12.16 年，明显高于整体平均），而且这类劳动者一般处于一级劳动力市场，具有相对更好的福利待遇水平。

二、基于异质劳动力群体的估计

表 6-4 基于不同劳动者群体特征的估计结果显示[①]（模型 5 与模型 6），中长期而言，城市教育人力资本水平的增加对女性劳动者工资收入具有更大边际提升作用，这表明地区教育人力资本投资将能显著缩小性别工资差距，降低劳动力市场性别歧视现象，这与刘泽云和赵佳音的（2014）研究结论类似。近年来我国男性和女性接受高等教育的机会差距减少到可以忽略的程度，在这个意义上，女性是教育扩展的主要受益者，教育资源的持续大量增加为女性提供了更多的机会，使教育领域的性别平等成为现实。女性受教育水平的日益提高，使她们拥有越来越多的机会进入之前男性所占据的职业或岗位中工作，而且女性初始工资水平一般要低于男性，因而其教育收益率往往要高于男性，加之我国产业结构不断升级过程中职业结构的变动，创造出大量更高工资水平的女性岗位，都将使女性群体受益，同时传统的典型的男性岗位持续的减弱，以及劳动力市场性别歧视现象的逐渐减少，教育水平的普遍提升将使男女工资水平逐渐走向趋同。

---

① 对于异质劳动力群体的回归估计采取综合性相对较高的经济距离权重矩阵作为最终的解释结果，其与地理距离的估计结论基本一致。

表6-4　人力资本对异质劳动群体工资收入的影响 (W_e)

	模型 5	模型 6	模型 7	模型 8	模型 9	模型 10
	男性	女性	城市	农村	低技能	高技能
ln*Ehc*	0.017	−0.025	−0.009	0.026	0.015	−0.066
	(0.061)	(0.052)	(0.081)	(0.056)	(0.049)	(0.092)
ln*Ehc*×*Year*2014	0.105*	0.165***	0.092	0.096*	0.087*	0.234***
	(0.062)	(0.053)	(0.080)	(0.057)	(0.047)	(0.090)
ln*Ehc*×*Year*2016	0.098	0.179***	0.152*	0.049	0.065	0.237**
	(0.065)	(0.059)	(0.086)	(0.057)	(0.049)	(0.101)
W × ln*Ehc*	0.374**	0.424**	0.674**	0.277*	0.372***	0.794***
	(0.170)	(0.167)	(0.267)	(0.156)	(0.144)	(0.297)
W×ln*Ehc*×*Year*2014	0.034	−0.169	−0.307	0.048	−0.068	−0.268
	(0.175)	(0.183)	(0.273)	(0.168)	(0.146)	(0.324)
W×ln*Ehc*×*Year*2016	−0.098	−0.080	−0.415	0.100	−0.050	−0.510
	(0.199)	(0.187)	(0.313)	(0.174)	(0.162)	(0.334)
ln*Hhc*	−0.137	−0.108	0.263	−0.093	−0.052	0.250
	(0.235)	(0.197)	(0.384)	(0.210)	(0.177)	(0.411)
ln*Hhc*×*Year*2014	0.103	0.046	−0.177	0.051	0.054	−0.282
	(0.232)	(0.198)	(0.376)	(0.214)	(0.174)	(0.414)
ln*Hhc*×*Year*2016	0.184	0.150	−0.268	0.219	0.168	−0.387
	(0.258)	(0.218)	(0.409)	(0.217)	(0.185)	(0.473)
W × ln*Hhc*	0.181	0.527	0.192	0.358	0.518	−0.683
	(0.390)	(0.350)	(0.607)	(0.378)	(0.316)	(0.574)
W×ln*Hhc*×*Year*2014	−0.457	−0.530	−0.440	−0.549	−0.744**	0.552
	(0.415)	(0.372)	(0.609)	(0.410)	(0.345)	(0.568)
W×ln*Hhc*×*Year*2016	−1.337***	−1.436***	−0.895	−1.550***	−1.617***	−0.236
	(0.466)	(0.392)	(0.721)	(0.425)	(0.357)	(0.703)
Age	0.057***	0.049***	0.038***	0.061***	0.042***	0.118***
	(0.007)	(0.006)	(0.007)	(0.005)	(0.005)	(0.012)
*Age*²/100	−0.072***	−0.061***	−0.041***	−0.079***	−0.055***	−0.132***
	(0.008)	(0.008)	(0.008)	(0.006)	(0.006)	(0.014)

	模型 5	模型 6	模型 7	模型 8	模型 9	模型 10
	男性	女性	城市	农村	低技能	高技能
Gender	—	—	0.180***	0.284***	0.273***	0.150***
	—	—	(0.026)	(0.020)	(0.018)	(0.031)
Identity	0.102***	0.078**	—	—	0.072**	0.122***
	(0.034)	(0.036)	—	—	(0.030)	(0.044)
Health	0.100***	0.101***	0.079***	0.112***	0.104***	0.074***
	(0.010)	(0.013)	(0.014)	(0.010)	(0.009)	(0.018)
Education	0.028***	0.039***	0.049***	0.026***	0.027***	0.092***
	(0.004)	(0.004)	(0.005)	(0.003)	(0.003)	(0.017)
Party	0.104***	0.091**	0.118***	0.026	0.063**	0.075***
	(0.028)	(0.036)	(0.022)	(0.038)	(0.029)	(0.029)
State	0.093***	0.148***	0.084***	0.036	0.106***	−0.009
	(0.028)	(0.026)	(0.030)	(0.025)	(0.026)	(0.033)
*Year*2014	0.713	1.531	3.501*	0.940	2.297*	−0.448
	(1.487)	(1.555)	(1.964)	(1.565)	(1.363)	(2.207)
*Year*2016	4.641***	4.282***	6.041***	4.256***	5.366***	4.470*
	(1.500)	(1.544)	(2.213)	(1.581)	(1.277)	(2.382)
常数项	6.217***	4.742***	3.205*	5.765***	4.928***	3.553
	(1.351)	(1.377)	(1.812)	(1.406)	(1.192)	(2.212)
行业虚拟变量	控制	控制	控制	控制	控制	控制
LR test	χ^2=307.15 (*p*=0.000)	χ^2=236.83 (*p*=0.000)	χ^2=168.25 (*p*=0.000)	χ^2=423.01 (*p*=0.000)	χ^2=504.47 (*p*=0.000)	χ^2=85.34 (*p*=0.000)
样本容量	8679	6846	5680	9845	12477	3048
Log pseudolikelihood	−9761.71	−7837.82	−6094.34	−11345.34	−14190.71	−3198.478

注：***、**、*表示在1%、5%、10%水平上显著，括号内为（稳健）标准差。LR test（似然比检验）为多层次模型的选择的判断标准，*p*值小于0.05表明应该选择多层次回归模型。

按城市户籍与农村户籍划分的估计结果显示（模型7与模型8），中短期而言，城市教育人力资本增加对农村户籍劳动者工资收入的边际提升作用更高，这表明城市人力资本投资将显著缩小城乡户籍劳动者工资收入差距，但是长期来看，城市教育人力资本对城市劳动者的边际增收效应更大，这表明，若不适度偏向于农村人力资本投资，则城乡收入差距在长期仍将呈现扩大趋势。教育规模与教育资源总量的扩大，带来了更多的分配机会，使农村地区劳动者具有更为平等的受教育机会，教育资源的分配结构得到改善，在一定时期内将相对更快地提升农村户籍劳动者受教育水平，形成更高的收入边际增长效应；长期而言，城市户籍劳动者在工作环境、工资待遇福利等方面更具比较优势，而且随着经济结构的不断优化，对城市高学历劳动者的需求将会更大，因而城市户籍劳动者在长期的教育边际增收效应将更高。

按个人受教育年限划分为高技能群体（>12年）与低技能群体（≤12年），考察城市教育人力资本对不同技能劳动者工资收入的作用。结果显示（模型9与模型10），中长期而言，城市教育人力资本增加对高技能劳动者工资收入的边际提升作用更高。表明城市教育人力资本投资会增加高技能劳动力与低技能劳动力工资差距，产生"临界分割效应"。教育层次的不同是影响工资水平的重要原因并且其贡献度在逐步增加，人力资本集聚会带来显著的技术外溢，促进了技能偏向型的技术进步和劳动者收入的提升，长期而言将增加企业对熟练劳动力的市场需求，从而更能提升高技能劳动者的工资回报。此外，教育扩展使更多人有了公平受教育的机会，使劳动者的人力资本得以积累而且提升了技能与收入预期，从而扩大了不同技能劳动者之间的工资差距。

空间维度上，从各模型的弹性系数可知，教育人力资本的空间扩散效应将更有益于城市、高技能劳动者收入水平的增长。由于城市、高技能劳动者处于更好的生活和工作环境中，获取及交换信息的能力往往更强，当城市壁垒被削弱时，更能享受到城市间教育人力资本扩散带来的红利效应，长期而言，教育人力资本的空间扩散效应将会消失，可能是因为劳动者工资性收入的增长更多地取决个体人力资本的影响，区域之间的溢出作用并非是最主要的决定因素。健康人力资本对劳动者个体的空间虹吸效应均具有时滞性，与前文结论一致，就弹性系数而言，对女性、农村、低技能弱势劳动力群体收入抑制作用更大，可能归因于这些群体抵御风险的能力更弱，当受到空间竞争效应的冲击时，获益机会相对更少，而且可能受到的挤出效应更明显。

个人特征变量中，（1）劳动者年龄与工资收入之间在各劳动力群体均呈现先增后降的倒 U 型关系，而且年龄对农村、男性、高技能劳动者的工资收入边际增收效应更大。（2）从性别角度看，农村、低技能男性相对于女性的工资差异更大，而城市、高技能劳动者中，性别工资差异相对较小。表明推动劳动者从农村户籍转变为城市户籍（城镇化）以及不断提升技能水平的过程中，会显著缩小性别工资差异。（3）健康人力资本对农村、女性、低技能劳动者的边际增收效应更大，表明通过引导劳动者努力提高自身健康状况，是改善劳动力市场中户籍、性别、学历工资差距的重要路径。（4）教育人力资本对城市、高技能劳动者工资收入的边际增收效应更大，表现出教育的积累效应。教育人力资本对提升女性劳动者工资收入的边际效应更高，表明提高个人教育水平也将能显著缩小性别工资差距。（5）党员身份对于城市、男性、高技能劳动者工资增收效应更大，主要归因于这三类劳动者党员相对比例更高。（6）国营企业对城市、女性、低技能劳动者的工资增收效应更大，表明国营企业具有更为合理的工资结构，能显著改善性别、学历工资差距，更具社会效益。

三、基于不同区域的估计

根据表 6-5 的结果，地区教育人力资本对劳动者工资增收作用在中西部地区更为显著，就其空间扩散效应而言，也显示出对中西部地区更高的边际增收作用，表明积极投资并利用教育人力资本的扩散带动作用将能有效缩小东部与中西部地区长期存在的工资差距，促进地区平衡发展。健康人力资本对劳动者工资增收作用仍呈现空间虹吸效应，并具有时滞性特征，表明医疗健康投资只有向中西部地区适度倾斜才能有助于区域间工资收入水平的平衡增长。结合个人层面的教育和健康看，其对中西部地区劳动者个体的工资增收的边际提升作用更大，表明鼓励中西部地区劳动者积极投资于自身人力资本，也将是缩小区域间工资差距的有效途径。

表 6-5　人力资本对不同区域劳动群体工资收入的影响

	模型 11	模型 12	模型 13	模型 14
	东部 (W_d)	中西部 (W_d)	东部 (W_e)	中西部 (W_e)
lnEhc	−0.011	−0.020	−0.007	−0.041
	(0.073)	(0.075)	(0.072)	(0.078)
lnEhc×$Year$2014	0.118	0.150**	0.114	0.164**
	(0.077)	(0.065)	(0.075)	(0.068)

	模型 11	模型 12	模型 13	模型 14
	东部 (W_d)	中西部 (W_d)	东部 (W_e)	中西部 (W_e)
lnEhc×$Year$2016	0.128	0.122*	0.123	0.141*
	(0.083)	(0.068)	(0.080)	(0.073)
W × lnEhc	0.415*	0.436*	0.392*	0.401*
	(0.251)	(0.230)	(0.208)	(0.219)
W×lnEhc×$Year$2014	−0.108	−0.177	−0.172	−0.118
	(0.228)	(0.240)	(0.183)	(0.249)
W×lnEhc×$Year$2016	−0.034	−0.174	−0.179	−0.106
	(0.262)	(0.230)	(0.224)	(0.244)
lnHhc	−0.150	−0.122	−0.124	0.005
	(0.381)	(0.246)	(0.360)	(0.253)
lnHhc×$Year$2014	0.154	0.074	0.125	−0.008
	(0.378)	(0.234)	(0.357)	(0.243)
lnHhc×$Year$2016	0.219	0.297	0.212	0.191
	(0.402)	(0.207)	(0.375)	(0.215)
W × lnHhc	0.458	0.951	0.409	0.470
	(0.680)	(0.767)	(0.562)	(0.626)
W×lnHhc×$Year$2014	−0.837	−0.649	−0.696	−0.132
	(0.690)	(0.712)	(0.586)	(0.619)
W×lnHhc×$Year$2016	−1.335*	−1.584*	−1.108*	−0.822
	(0.753)	(0.830)	(0.589)	(0.719)
Age	0.048***	0.060***	0.048***	0.061***
	(0.006)	(0.007)	(0.006)	(0.007)
Age^2/100	−0.061***	−0.076***	−0.061***	−0.076***
	(0.007)	(0.008)	(0.007)	(0.008)
$Gender$	0.262***	0.224***	0.262***	0.224***
	(0.022)	(0.023)	(0.022)	(0.023)
$Identity$	0.083*	0.102***	0.082*	0.102***
	(0.042)	(0.038)	(0.042)	(0.038)

	模型 11	模型 12	模型 13	模型 14
	东部 (W_d)	中西部 (W_d)	东部 (W_e)	中西部 (W_e)
Health	0.080***	0.124***	0.081***	0.124***
	(0.011)	(0.012)	(0.011)	(0.012)
Education	0.033***	0.035***	0.033***	0.035***
	(0.005)	(0.005)	(0.005)	(0.005)
Party	0.108***	0.079**	0.107***	0.080**
	(0.027)	(0.035)	(0.027)	(0.035)
State	0.096***	0.144***	0.095***	0.143***
	(0.032)	(0.030)	(0.032)	(0.030)
*Year*2014	2.466	1.933	2.447	0.042
	(1.823)	(2.687)	(1.795)	(2.419)
*Year*2016	3.876*	4.858	3.838*	2.090
	(2.204)	(3.041)	(1.960)	(2.601)
常数项	5.290***	3.132	5.358***	4.516*
	(1.704)	(2.809)	(1.605)	(2.438)
行业虚拟变量	控制	控制	控制	控制
LR test	χ^2=318.98 (p=0.000)	χ^2=206.82 (p=0.000)	χ^2=336.29 (p=0.000)	χ^2=202.50 (p=0.000)
样本容量	8860	6665	8860	6665
Log pseudolikelihood	−9767.68	−7799.84	−9763.03	−7802.39

注：***、**、*表示在 1%、5%、10% 水平上显著，括号内为（稳健）标准差。LR test（似然比检验）为多层次模型的选择的判断标准，p 值小于 0.05 表明应该选择多层次回归模型。

第三节　人力资本对劳动者增收的局域性时间—空间效应估计

表 6-6 以 500 千米为步进距离测度了人力资本对劳动者工资收入

在不同空间范围的影响[①]，结果显示，任意圈层范围的教育人力资本的
影响均具有滞后特征，且显著为正。从空间邻近性的经济效应看，当
模拟我国城市间市场壁垒逐渐被削弱，即各城市所涵盖的教育和健康
人力资本潜力更大时，其对劳动者工资的边际增收效应也随之增强，
这与前文研究结论一致。从教育人力资本与时间交互项的估计结果看，
随着距离的逐渐增加，本地区教育人力资本对劳动者的边际增收效应
呈现逐渐减弱趋势，表明来自其他地区教育人力资本对本地区教育人
力资本的边际增收作用具有替代性或互补性特征。

表 6-6　人力资本对劳动者增收的局域性时间—空间效应估计

	模型 15	模型 16	模型 17	模型 18	模型 19	模型 20
距离门槛值	$D \leqslant 526$	$D \leqslant 1026$	$D \leqslant 1526$	$D \leqslant 2026$	$D \leqslant 2526$	$D \leqslant 3026$
$\ln Ehc$	−0.020	−0.017	−0.015	−0.009	−0.006	−0.005
	(0.056)	(0.056)	(0.056)	(0.056)	(0.055)	(0.055)
$\ln Ehc \times Year2014$	0.138***	0.134***	0.132**	0.127**	0.125**	0.123**
	(0.051)	(0.051)	(0.052)	(0.052)	(0.052)	(0.051)
$\ln Ehc \times Year2016$	0.149***	0.144**	0.140**	0.132**	0.128**	0.127**
	(0.057)	(0.058)	(0.058)	(0.057)	(0.057)	(0.056)
$W \times \ln Ehc$	0.273*	0.297*	0.319*	0.353**	0.376**	0.390**
	(0.146)	(0.170)	(0.179)	(0.178)	(0.178)	(0.178)
$W \times \ln Ehc \times Year2014$	−0.011	−0.014	−0.014	−0.021	−0.028	−0.031
	(0.136)	(0.158)	(0.170)	(0.174)	(0.176)	(0.176)
$W \times \ln Ehc \times Year2016$	0.001	0.014	0.014	0.015	0.009	0.000
	(0.147)	(0.172)	(0.185)	(0.190)	(0.191)	(0.192)
$\ln Hhc$	−0.038	−0.063	−0.084	−0.119	−0.138	−0.146
	(0.207)	(0.210)	(0.210)	(0.207)	(0.205)	(0.202)

---

① 本书还尝试了以其他不同的步进距离进行稳健性检验，所得出的结论相似。

	模型 15	模型 16	模型 17	模型 18	模型 19	模型 20
距离门槛值	$D \leqslant 526$	$D \leqslant 1026$	$D \leqslant 1526$	$D \leqslant 2026$	$D \leqslant 2526$	$D \leqslant 3026$
$\ln Hhc \times Year2014$	0.003	0.030	0.048	0.080	0.098	0.105
	(0.195)	(0.199)	(0.200)	(0.199)	(0.197)	(0.195)
$\ln Hhc \times Year2016$	0.070	0.099	0.128	0.188	0.219	0.230
	(0.231)	(0.236)	(0.232)	(0.219)	(0.213)	(0.210)
$W \times \ln Hhc$	0.357	0.516	0.604	0.659	0.671	0.666
	(0.285)	(0.333)	(0.377)	(0.411)	(0.421)	(0.420)
$W \times \ln Hhc \times Year2014$	-0.484^{*}	-0.657^{*}	-0.752^{**}	-0.809^{*}	-0.830^{*}	-0.837^{**}
	(0.290)	(0.341)	(0.384)	(0.418)	(0.427)	(0.426)
$W \times \ln Hhc \times Year2016$	-1.104^{***}	-1.310^{***}	-1.496^{***}	-1.713^{***}	-1.803^{***}	-1.821^{***}
	(0.398)	(0.451)	(0.481)	(0.476)	(0.478)	(0.476)
Age	0.054^{***}	0.054^{***}	0.054^{***}	0.054^{***}	0.054^{***}	0.054^{***}
	(0.004)	(0.004)	(0.004)	(0.004)	(0.004)	(0.004)
$Age^2/100$	-0.068^{***}	-0.068^{***}	-0.067^{***}	-0.067^{***}	-0.067^{***}	-0.067^{***}
	(0.005)	(0.005)	(0.005)	(0.005)	(0.005)	(0.005)
$Gender$	0.245^{***}	0.245^{***}	0.245^{***}	0.245^{***}	0.245^{***}	0.245^{***}
	(0.016)	(0.016)	(0.016)	(0.016)	(0.016)	(0.016)
$Identity$	0.086^{***}	0.087^{***}	0.087^{***}	0.088^{***}	0.088^{***}	0.088^{***}
	(0.030)	(0.030)	(0.030)	(0.030)	(0.030)	(0.030)
$Health$	0.102^{***}	0.102^{***}	0.101^{***}	0.102^{***}	0.102^{***}	0.102^{***}
	(0.008)	(0.008)	(0.008)	(0.008)	(0.008)	(0.008)
$Education$	0.034^{***}	0.034^{***}	0.034^{***}	0.034^{***}	0.034^{***}	0.034^{***}
	(0.003)	(0.003)	(0.003)	(0.003)	(0.003)	(0.003)
$Party$	0.093^{***}	0.093^{***}	0.093^{***}	0.093^{***}	0.093^{***}	0.093^{***}
	(0.022)	(0.022)	(0.022)	(0.022)	(0.022)	(0.022)
$State$	0.119^{***}	0.120^{***}	0.120^{***}	0.119^{***}	0.119^{***}	0.119^{***}
	(0.023)	(0.023)	(0.023)	(0.023)	(0.023)	(0.023)
$Year2014$	1.064	1.608	1.896	2.036	2.096	2.115
	(1.009)	(1.249)	(1.388)	(1.470)	(1.498)	(1.505)

续表

	模型15	模型16	模型17	模型18	模型19	模型20
距离门槛值	$D \leq 526$	$D \leq 1026$	$D \leq 1526$	$D \leq 2026$	$D \leq 2526$	$D \leq 3026$
$Year2016$	3.218^{**}	3.811^{**}	4.413^{***}	5.038^{***}	5.303^{***}	5.383^{***}
	(1.313)	(1.575)	(1.687)	(1.687)	(1.694)	(1.696)
常数项	5.813^{***}	5.219^{***}	4.866^{***}	4.619^{***}	4.521^{***}	4.497^{***}
	(0.967)	(1.181)	(1.308)	(1.383)	(1.411)	(1.419)
行业虚拟变量	控制	控制	控制	控制	控制	控制
LR test	$\chi^2=604.02$	$\chi^2=609.65$	$\chi^2=609.83$	$\chi^2=608.33$	$\chi^2=609.23$	$\chi^2=607.86$
	$(p=0.000)$	$(p=0.000)$	$(p=0.000)$	$(p=0.000)$	$(p=0.000)$	$(p=0.000)$
样本容量	15525	15525	15525	15525	15525	15525
$Log\ pseudolikelihood$	−17639.80	−17637.43	−17634.96	−17629.88	−17627.39	−17626.59

注：***、**、*表示在1%、5%、10%水平上显著，括号内为（稳健）标准差。LR test（似然比检验）为多层次模型选择的判断标准，p 值小于0.05表明应该选择多层次回归模型。

第四节　人力资本对劳动者就业的时间—空间效应分析

一、全域性时间—空间效应估计

以上研究证实了地区教育和健康人力资本对劳动者工资收入的时间—空间效应，这一过程必将对劳动者就业产生影响。因此本章进一步分析教育和健康人力资本对劳动者就业的时间—空间效应，即人力资本的就业红利。以寻找提升我国劳动力市场运行效率更有效的途径。这里采用多层次 Logit 回归模型构造对劳动力失业的方程，基本表达式为：

$$Logit\left\{\Pr(y_{i,r}=1\,|\,X_{i,r},HC_r,HC_m)\right\} = \eta_{0,0} + \eta_{0,1}HC_r + \rho_{0,1}\sum_{m\neq r}W \times HC_m + \eta_{1,0}X_{i,r}$$

$$+\eta_{1,1}HC_r \times X_{i,r} + \rho_{1,1}\sum_{m\neq r}W \times HC_m \times X_{i,r} + (\alpha_{0,r} + \alpha_{1,r}X_{i,r} + \varepsilon_{i,r})$$

$$(6-6)$$

式（6-6）表示宏观和微观层面变量对劳动力失业概率（$y=1$）影响的混合模型。类似公式（6-5），W 为空间权重矩阵，HC_r 与 HC_m 分别为本地区与其他地区人力资本水平，$X_{i,r}$ 表示地区 r 的第 i 个个体的个人特征（性别、年龄、受教育年限等）。对于就业水平的观测，由于问卷中没有直接询问受访者是否失业的问题，本章结合失业定义，把目前处于劳动年龄阶段没有工作而又在积极寻找工作的人定义为失业（2012—2016 年的平均失业率约为 0.031）。

表 6-7 给出了人力资本对劳动者就业红利的时间—空间效应分析结果。个人层面的人力资本结果显示，健康人力资本的改善能增加劳动者就业的概率，而教育人力资本更高的劳动者面临的工作岗位往往具有更大市场竞争，呈现受教育水平越高失业可能性越大的现象。地区教育人力资本对劳动者失业概率的影响中，基于经济距离（模型 22）估计结果更为显著，这归因于地区就业来自经济关联因素的部分相对于地理距离因素更为重要。邻近地区教育人力资本能够通过空间扩散效应提升本地区的就业水平，但是这一现象会随着时间的推移逐渐消失，并最终增加本地区的就业压力，而且在东部地区更为显著。在我国东部经济聚集中心形成的初期阶段，东部地区会吸纳中西部地区劳动力流入并增加了我国整体就业水平，主要表现出人力资本对邻近地区经济发展与就业的扩散带动作用，而进入经济聚集中心形成的中后期，随着劳动力的不断流动与聚集，将加大中心聚集区域（东部地区）就业市场的竞争压力，从而增加失业的风险。对于地区健康人力资本而言，中西部地区的健康人力资本短期投资将不利于劳动力市场就业，长期而言对失业具有抑制作用但不显著。空间上邻近地区医疗健康水平提升在长期将能显著降低本地区的失业水平，而且在东部

地区更为显著，这表明空间虹吸效应可以通过吸引劳动力向更高医疗水平的地区聚集，实现劳动力跨区域就业，最终促进劳动力市场就业水平提升。

表6-7 人力资本对劳动者就业红利的全域性时间－空间效应分析

	全国		东部		中西部	
	模型21 (W_d)	模型22 (W_e)	模型23 (W_d)	模型24 (W_e)	模型25 (W_d)	模型26 (W_e)
$\ln Ehc$	−0.021	−0.031	0.031	0.016	−0.081	−0.086
	(0.080)	(0.078)	(0.111)	(0.108)	(0.099)	(0.098)
$\ln Ehc \times Year2014$	−0.058	−0.031	−0.085	−0.049	−0.090	−0.081
	(0.087)	(0.087)	(0.117)	(0.117)	(0.136)	(0.134)
$\ln Ehc \times Year2016$	−0.104	−0.110	−0.141	−0.145	−0.109	−0.103
	(0.101)	(0.100)	(0.135)	(0.135)	(0.141)	(0.139)
$W \times \ln Ehc$	−0.423	−0.574**	−0.696*	−0.680**	−0.458	−0.587
	(0.277)	(0.254)	(0.394)	(0.321)	(0.352)	(0.369)
$W \times \ln Ehc \times Year2014$	0.228	0.406	0.437	0.583	0.441	0.670
	(0.320)	(0.297)	(0.463)	(0.380)	(0.504)	(0.523)
$W \times \ln Ehc \times Year2016$	0.564	0.599*	0.706	0.795*	0.801	0.592
	(0.363)	(0.354)	(0.521)	(0.456)	(0.554)	(0.576)
$\ln Hhc$	0.458	0.420	0.178	0.151	0.729**	0.685**
	(0.302)	(0.295)	(0.504)	(0.487)	(0.348)	(0.348)
$\ln Hhc \times Year2014$	−0.076	−0.122	−0.124	−0.240	−0.015	0.080
	(0.327)	(0.321)	(0.572)	(0.534)	(0.454)	(0.456)
$\ln Hhc \times Year2016$	−0.097	−0.041	0.296	0.386	−0.201	−0.155
	(0.416)	(0.413)	(0.655)	(0.649)	(0.540)	(0.543)
$W \times \ln Hhc$	0.919	0.520	1.259	0.728	0.798	0.530
	(0.673)	(0.570)	(0.877)	(0.720)	(1.152)	(1.060)
$W \times \ln Hhc \times Year2014$	−0.022	0.577	0.162	0.816	0.960	1.310
	(0.851)	(0.730)	(1.138)	(0.935)	(1.533)	(1.539)

	全国		东部		中西部	
	模型21 (W_d)	模型22 (W_e)	模型23 (W_d)	模型24 (W_e)	模型25 (W_d)	模型26 (W_e)
$W×\ln Hhc×Year2016$	−3.232***	−2.961***	−4.435***	−4.009***	0.672	−0.342
	(0.902)	(0.754)	(1.182)	(0.967)	(2.005)	(1.799)
Age	0.088***	0.089***	0.063***	0.063***	0.118***	0.117***
	(0.012)	(0.012)	(0.017)	(0.017)	(0.018)	(0.018)
$Age^2/100$	−0.136***	−0.136***	−0.106***	−0.105***	−0.170***	−0.168***
	(0.016)	(0.016)	(0.022)	(0.022)	(0.024)	(0.024)
Gender	0.337***	0.336***	0.356***	0.354***	0.306***	0.304***
	(0.058)	(0.058)	(0.077)	(0.077)	(0.087)	(0.087)
Identity	0.167**	0.172**	0.140	0.148	0.201*	0.197*
	(0.070)	(0.070)	(0.093)	(0.093)	(0.105)	(0.105)
Health	−0.060**	−0.060**	−0.017	−0.014	−0.107***	−0.111***
	(0.030)	(0.030)	(0.042)	(0.042)	(0.041)	(0.041)
Education	0.049***	0.049***	0.047***	0.047***	0.049***	0.050***
	(0.010)	(0.010)	(0.013)	(0.013)	(0.014)	(0.014)
Party	−0.281**	−0.280**	−0.517***	−0.515***	−0.065	−0.070
	(0.128)	(0.128)	(0.194)	(0.194)	(0.177)	(0.177)
State	−0.312***	−0.312***	−0.291*	−0.294*	−0.338*	−0.336*
	(0.120)	(0.120)	(0.162)	(0.162)	(0.182)	(0.182)
Year2014	−1.300	−4.457*	−2.705	−5.806*	−5.952	−9.011
	(2.759)	(2.471)	(3.411)	(3.030)	(5.606)	(5.495)
Year2016	9.324***	8.004***	11.822***	9.504***	−6.416	−1.742
	(3.217)	(2.832)	(3.773)	(3.483)	(7.852)	(7.130)
常数项	0.106***	0.088***	0.113***	0.096**	−10.339**	−8.472**
	(0.032)	(0.029)	(0.044)	(0.038)	(4.202)	(3.849)
行业虚拟变量	控制	控制	控制	控制	控制	控制
LR test	$\chi^2=39.60$ $(p=0.000)$	$\chi^2=31.71$ $(p=0.000)$	$\chi^2=29.18$ $(p=0.000)$	$\chi^2=25.18$ $(p=0.000)$	$\chi^2=2.64$ $(p=0.052)$	$\chi^2=2.52$ $(p=0.056)$

续表

	全国		东部		中西部	
	模型 21 (W_d)	模型 22 (W_e)	模型 23 (W_d)	模型 24 (W_e)	模型 25 (W_d)	模型 26 (W_e)
样本容量	45283	45283	22783	22783	21935	21935
Log likelihood	−5311.43	−5307.22	−2925.62	−2921.50	−2368.58	−2368.63

注：***、**、* 表示在 1%、5%、10% 水平上显著，括号内为（稳健）标准差。LR test（似然比检验）为多层次模型的选择的判断标准，p 值小于 0.05 表明应该选择多层次回归模型。LR 检验表明模型 25 与模型 26 采用 Logit 估计。

个体特征变量中，（1）劳动者年龄对失业的影响呈现先增后降的倒 U 型关系，可能的解释是，在年龄小于一定临界值时，随着个人年龄与技能不断提升，更换工作的概率更大；而超过一定年龄段，个人技能逐渐成熟，以及来自家庭的经济压力，导致其更换工作的频率下降，逐渐趋于稳定，失业概率逐步降低。（2）男性劳动者一般追求更高工资待遇的岗位，其面临的竞争及风险往往也更大，导致其失业概率相对女性更大。（3）城市户籍劳动力失业概率更大，可能是因为农村户籍劳动力一般处于低门槛低工资的岗位，其失业后能快速获取新的工作使失业周期相对更短。（4）具有党员身份以及位于国营企业的劳动者失业概率更小，这类劳动者一般处于稳定的体制内岗位，流动性较小，而且福利待遇较高，面临失业的可能性更小。

二、局域性时间—空间效应估计

局域性估计结果与前文结论相似（见表 6-8），从空间邻近性的经济效应看，当地区间市场壁垒逐渐被削弱，即当各城市涵盖的教育和健康人力资本潜力更大时，其对劳动者就业的边际作用随之增强。综合表明，削弱地区地理壁垒和经济壁垒、促进区域经济一体化程度提

升，将有助于增加劳动者就业和工资收入水平，提升我国劳动力市场
运行效率。

表 6-8　人力资本对劳动者就业红利的局域性时间 – 空间效应分析

	模型 27	模型 28	模型 29	模型 30	模型 31	模型 32
距离门槛值	$D \le 526$	$D \le 1026$	$D \le 1526$	$D \le 2026$	$D \le 2526$	$D \le 3026$
lnEhc	−0.031	−0.028	−0.026	−0.022	−0.021	−0.021
	(0.079)	(0.080)	(0.080)	(0.080)	(0.080)	(0.080)
lnEhc×$Year$2014	−0.049	−0.055	−0.056	−0.058	−0.059	−0.058
	(0.086)	(0.087)	(0.087)	(0.087)	(0.087)	(0.087)
lnEhc×$Year$2016	−0.083	−0.093	−0.098	−0.103	−0.104	−0.104
	(0.100)	(0.100)	(0.100)	(0.101)	(0.101)	(0.101)
W×lnEhc	−0.295	−0.350	−0.395	−0.414	−0.419	−0.422
	(0.212)	(0.248)	(0.267)	(0.274)	(0.276)	(0.277)
W×lnEhc×$Year$2014	0.139	0.155	0.200	0.217	0.221	0.228
	(0.246)	(0.287)	(0.309)	(0.317)	(0.319)	(0.320)
W×lnEhc×$Year$2016	0.371	0.481	0.552	0.565	0.561	0.565
	(0.277)	(0.327)	(0.352)	(0.360)	(0.363)	(0.363)
lnHhc	0.507[*]	0.494[*]	0.477	0.459	0.452	0.457
	(0.296)	(0.299)	(0.300)	(0.302)	(0.303)	(0.303)
lnHhc×$Year$2014	−0.134	−0.105	−0.092	−0.080	−0.073	−0.075
	(0.321)	(0.324)	(0.326)	(0.328)	(0.328)	(0.327)
lnHhc×$Year$2016	−0.249	−0.195	−0.159	−0.113	−0.095	−0.096
	(0.402)	(0.405)	(0.407)	(0.413)	(0.416)	(0.416)
W×lnHhc	0.632	0.729	0.843	0.897	0.917	0.916
	(0.520)	(0.578)	(0.632)	(0.663)	(0.673)	(0.673)
W×lnHhc×$Year$2014	0.178	0.139	0.054	0.014	−0.008	−0.020
	(0.665)	(0.744)	(0.805)	(0.841)	(0.851)	(0.852)
W×lnHhc×$Year$2016	−2.341[***]	−2.642[***]	−2.957[***]	−3.168[***]	−3.222[***]	−3.229[***]
	(0.698)	(0.762)	(0.831)	(0.883)	(0.899)	(0.902)

续表

	模型 27	模型 28	模型 29	模型 30	模型 31	模型 32
Age	0.089***	0.089***	0.089***	0.088***	0.088***	0.088***
	(0.012)	(0.012)	(0.012)	(0.012)	(0.012)	(0.012)
$Age^2/100$	−0.136***	−0.136***	−0.136***	−0.136***	−0.136***	−0.136***
	(0.016)	(0.016)	(0.016)	(0.016)	(0.016)	(0.016)
Gender	0.337***	0.337***	0.337***	0.337***	0.337***	0.337***
	(0.058)	(0.058)	(0.058)	(0.058)	(0.058)	(0.058)
Identity	0.166**	0.166**	0.166**	0.167**	0.167**	0.167**
	(0.070)	(0.070)	(0.070)	(0.070)	(0.070)	(0.070)
Health	−0.060**	−0.060**	−0.060**	−0.061**	−0.060**	−0.060**
	(0.030)	(0.030)	(0.030)	(0.030)	(0.030)	(0.030)
Education	0.049***	0.049***	0.049***	0.049***	0.049***	0.049***
	(0.010)	(0.010)	(0.010)	(0.010)	(0.010)	(0.010)
Party	−0.279**	−0.279***	−0.280**	−0.280**	−0.280**	−0.281**
	(0.128)	(0.128)	(0.128)	(0.128)	(0.128)	(0.128)
State	−0.316***	−0.315***	−0.313***	−0.312***	−0.312***	−0.312***
	(0.120)	(0.120)	(0.120)	(0.120)	(0.120)	(0.120)
*Year*2014	−1.427	−1.445	−1.392	−1.369	−1.330	−1.312
	(2.125)	(2.428)	(2.616)	(2.720)	(2.751)	(2.758)
*Year*2016	7.359***	7.812***	8.543***	9.131***	9.296***	9.303***
	(2.500)	(2.820)	(3.035)	(3.166)	(3.207)	(3.215)
常数项	−9.469***	−9.523***	−9.666***	−9.724***	−9.753***	−9.751***
	(1.766)	(2.007)	(2.164)	(2.258)	(2.287)	(2.293)
行业虚拟变量	控制	控制	控制	控制	控制	控制
LR test	χ^2=40.30 (*p*=0.000)	χ^2=39.97 (*p*=0.000)	χ^2=39.73 (*p*=0.000)	χ^2=39.23 (*p*=0.000)	χ^2=39.36 (*p*=0.000)	χ^2=39.57 (*p*=0.000)
样本容量	45283	45283	45283	45283	45283	45283
Log likelihood	−5312.05	−5311.79	−5311.49	−5311.37	−5311.42	−5311.44

注：***、**、*表示在 1%、5%、10% 水平上显著，括号内为（稳健）标准差。LR test（似然比检验）为多层次模型的选择的判断标准，*p* 值小于 0.05 表明应该选择多层次回归模型。

本章采用 2012—2016 年的中国劳动力动态调查数据，通过多层次空间计量模型分析地区人力资本对异质劳动者工资收入的时间—空间效应，以及人力资本就业红利的时间—空间效应。结论表明：（1）劳动者个体健康状况以及教育水平提升均能显著提高工资收入，体现微观层面的人力资本红利。（2）地区教育人力资本对于劳动者个体收入的提升具有滞后效应，随着时间的推移才会逐渐凸显，长期看来，地区教育人力资本对劳动者个体收入的边际作用呈现逐步增加的态势。健康对劳动者工资收入具有提升作用。（3）从空间维度看，全域空间上地区教育人力资本具有显著的空间扩散效应，能带动周边地区劳动者收入的提升，这与第五章结论一致，但是随着时间的推移，这种效应会逐渐消失。地区健康人力资本水平的空间效应具有滞后性，本地区劳动者收入增长会由于周边地区健康人力资本水平的提升受到制约，地区间医疗健康水平的差距一旦形成，将产生持续的虹吸效应。局域空间上，当模拟我国城市间市场壁垒逐渐被削弱，即各城市涵盖的教育和健康人力资本潜力更大时，其对劳动者工资的空间溢出效应也随之增强。与此同时，本地区教育人力资本对劳动者的边际增收效应呈现逐渐减弱趋势，表明来自其他地区教育人力资本对本地区教育人力资本的边际增收作用具有替代性或互补性特征。（4）采用经济距离作为空间权重矩阵时，地区健康人力资本对劳动者收入的空间虹吸效应相对延迟，表明在地理距离基础上增加地区经济关联将能有效制约地区健康人力资本提升对邻近地区的虹吸效应。

基于异质劳动力群体分组估计发现：（1）基于劳动者个体而言，健康人力资本提升将能显著缩小性别、户籍以及技能工资差距，教育人力资本提升会缩小性别工资差距，但加大了户籍、技能工资差距。

（2）城市教育人力资本提升将能显著缩小性别工资差距；在中期将显著缩小城乡户籍劳动者工资收入差距，但是长期看这一差距仍将继续扩大，会增加高技能劳动力与低技能劳动力工资差距，产生"临界分割效应"。空间维度上，教育人力资本的空间扩散效应将更有益于城市、高技能劳动者收入水平的增长。健康人力资本对劳动者个体的空间虹吸效应均具有时滞性，长期而言对女性、农村、低技能弱势劳动力群体收入抑制作用更大。基于区域差异的估计结论表明：（1）对于个人层面的教育和健康而言，中西部地区劳动者个体工资增收的边际作用更大。（2）地区教育人力资本对劳动者工资增收作用在中西部地区更为显著；中西部地区劳动者受到的教育人力资本的空间扩散效应更高，同时中西部劳动者受城市健康人力资本的空间虹吸效应也更大。

基于人力资本就业红利的时间—空间效应分析发现：（1）个人健康人力资本的改善能增加劳动者就业的概率，而教育人力资本更高的劳动者面临的工作岗位往往具有更大市场竞争，呈现受教育水平越高失业可能性越大的现象。（2）全域空间上邻近地区教育人力资本能够通过空间扩散效应增加本地区的就业水平，但这一现象会随着时间的推移逐渐消失，并最终增加本地区的就业压力，而且在东部地区更为显著。对于地区健康人力资本而言，邻近地区医疗健康水平提升在长期能显著降低本地区的失业水平，提引劳动力市场整体就业水平。局域空间上仍然显示出随着空间壁垒的逐渐减弱、市场一体化水平的逐步提升，人力资本红利的空间效应也将逐渐提高。

第七章　中国人力资本红利的开发策略与引导机制

国际经验表明，大多数发达国家和地区的发展都或多或少得益于人口数量规模。但是，随着经济社会持续发展，人口老龄化问题不可避免，人口数量规模红利最终也会消失。我国当前正处于"结构换质量"的关键时期，应积极利用年龄结构转变带来的劳动力低成本优势积累的财富提高人口质量，完成从人口大国向人力资本强国的转变，实现劳动力优势转换。为了更好地推动人口数量红利向人力资本红利的演化与过渡，促进经济健康、持续发展，本章结合前文的分析结论提出人力资本红利的空间开发策略、人力资本就业红利的开发机制，以及通过优化人力资本空间流动与市场一体化机制扩大人力资本红利。

第一节　空间视域下人力资本红利开发策略

一、空间视域下教育人力资本开发策略

（一）优化区域教育资本投资结构，提高教育质量

有效率的教育体制结构是人力资本积累与劳动力市场有效连接的

渠道。从模型估计结果来看，教育人力资本的边际效应相对较低，这可能受我国当前教育投入水平偏低、教育资源分配不合理等因素的制约。因此各省（区）需在中央政府发挥统筹性作用的前提下，同等程度提升教育人力资本水平。首先，应优化财政支出结构，特别是对于教育发展长期落后的中西部地区，应使教育经费在国民收入中的占比始终保持在较高水平，减少教育税收负担，加大民间资本引入，增强社会竞争，提高教育投入效率。其次，近年来我国在教育基础设施建设方面付出了巨大努力，逐渐缩小了与发达国家之间的差距，然而在办学质量方面却并不理想，切实提高我国的教育质量才是教育人力资本得以全面提升的关键。所以，当前需逐步降低教育基础设施方面的投入（如减少新增学校数量和规模），转而投入增加教育机会和提升办学质量的教育投资改单中。例如，逐步将新型教育模式（如远程与继续教育、网络公开课等）融入传统教育，通过我国高速发展的数字信息技术增加教育资源的覆盖面和使用率，扩大教育人力资本的空间扩散效应。最后，通过重新配置教育资源，扩展教育领域和受教育时间，增强教育体系的能力，重点培养劳动者学习能力与认知能力，以满足经济结构升级过程中灵活的劳动力需求。此外，建立终身学习型社会，提高教育资源的利用效率，全面实现城乡义务教育，加快职业教育快速发展，持续推动高等教育大众化，推进教育公平，促使各地区教育人力资本积累平衡增长，进而充分发挥教育人力资本的优势。

（二）教育人力资本空间关联性开发策略

教育人力资本聚集的空间扩散效应表明，可以通过市场手段激励教育优势地区加大对高等教育和职业教育的公共投资，实现教育投资的规模优势和竞争优势，同时应结合发达地区向欠发达地区的企业和劳动力转移，以及欠发达地区的市场空间大、资源禀赋、要素成本低等比较优势，引导人力资本要素合理流动以在更大市场实现更有效的资源整合，通过教育人力资本聚集的空间扩散效应带动欠发达地区经济增长。在此基础上，建立地区之间良好秩序和合作关系，使教育人力资本的空间扩散效应具有可持续性，如通过征收"人力资本流失税"（Bhagwati，1976）等形式回馈教育投资地区，实现地区之间的激励相容，以内化人力资本空间效应的外部性特征。

二、空间视域下健康人力资本开发策略

（一）提高区域健康资本投入效率，增强劳动力健康素质

健康人力资本对经济发展有巨大推动力，医疗卫生体制改革是增强我国劳动力素质、提升我国健康人力资本水平的关键。应加大对医疗卫生方面的资金和技术支持，合理有效利用其传导机制，推动我国经济高质量发展。然而，当前我国健康人力资本投资方面仍然存在投入普遍不足、产出效率偏低等一系列问题。这就需要优化健康资本投入产出结构，并且注重与其他形式的人力资本有机结合，发挥健康人力资本在经济社会发展中的基础性作用。具体而言，一方面，加大公共卫生投入，打破居民个人和社会支出为主体、政府支出为补充的公共医疗卫生体制格局，强化公共医疗支出功能；另一方面，加大农村医疗卫生保障力度，实现"新农合"的全覆盖，并加快城乡医疗卫生保障体系一体化进程。同时，从提高医疗科研水平、重大疾病防控水平、食品安全水平、医药质量等多方面着手，大力推进最有利于提高全面健康素质的关键领域，如提高具有更大健康人力资本边际增收效应的农村、低技能、女性劳动者的医疗、保险水平，以提高人力资本

形成效率。

（二）健康人力资本空间关联性开发策略

健康人力资本聚集的空间虹吸效应表明，可以借助"有形的手"推动健康人力资本公共投资，尽可能在地区之间选择均等化的健康投资策略，向健康资源不足地区实施适度倾斜的健康投资，弱化健康人力资本的空间虹吸效应。首先，在当前各省提供全国标准水平的基本公共服务能力大体相同的情况下（曾红颖，2012），进一步发挥财政转移支付对健康产业均等分布的促进作用，缓解健康资源空间分配不均的现状（卫平、薛冰，2017）；其次，降低地区间要素流动的门槛，实现健康设备和技术快速的相互准入，同时运用现代互联网技术发展远程医疗和智慧医疗，提升健康信息服务和大数据应用能力，形成优势互补、均衡发展格局；最后，构造健康领域在地区间的财政长效合作机制，以经济强弱组合形式分摊健康发展连带责任，着重构建健康领域财政收入与支出在地区之间的转移协调责任。

三、完善外部环境，扩大人力资本红利空间效应

从政府干预角度来说，在目前地区市场化水平（尤其是中西部地区）较低的情况下，政府可以通过建立良好的经济、法律等制度，明晰产权关系、规范市场主体行为，建立更为公平的市场秩序，发挥市场主体的资源配置功能，纠正资源错配现象。要继续实施一定程度的政府干预，充分发挥政府在经济增长中的作用。从城市发展规模视角看，城市化加速了人力资本聚集，其产生的经济聚集效应是推动我国经济增长的重要动力来源，所以应该充分利用城市化带来的积极作用，合理推动大城市建设，提升对农村剩余劳动力的吸收能力，挖掘

潜在人力资本红利，充分发挥城市聚集经济形成的规模红利。具体而言，可以通过社会管理创新为农业转移人口的城镇融合提供制度化接口，着力解决以教育、就业、医疗、养老、保障性住房等为核心的城乡基本公共服务均等化的地区财政能力问题，在公平与效率的平衡中建立更具活力和更加开放的新型城镇社会治理系统。同时，要以人口较为稠密的地区和城市为增长极，尤其是关中地区、成渝地区、河套地区、兰州周边地区、河西走廊、北疆铁路线等地区，要在这些地区形成区域性的城市群。通过人力资本相对集中，城市等级体系的不断完善，从而提高整个西部地区非农人口比重，获得人力资源培养与人力资本开发的规模效应和网络效应。

根据人力资本空间效应随着经济聚集范围、市场边界范围的扩大而呈现增强趋势的结论，表明地区间可以在局域特定经济聚集范围围绕圈域主要产业实现多样化发展，以更好促进和利用广域集聚经济。同时，较发达地区（京津冀、长三角、珠三角等）不应局限于邻接省域的协同发展，要注重向具有更大边际效应的中西部地区扩展，提升教育和健康人力资本对中国经济增长的贡献。这就要求积极地削弱"空间壁垒"，扩大人力资本红利的空间溢出效应。具体而言，削弱地理壁垒需要进一步完善高速铁路网络，尤其要形成外围地区的"大运力"通道，使未来我国劳动力跨区域流动有更加可靠的运力保障，为促进劳动力市场一体化、促进区域经济平衡增长提供基础条件。对于削弱市场壁垒方面，可以在削弱地理壁垒的同时同步加强省域间一体化程度的软环境建设，如通过推进社会网络体系（比如电子商务、物流、云计算和大数据产业）的发展，降低经济扩散成本，带来更加便捷的经济集聚；通过建立网络虚拟社区，使各地区文化更相互理解包容，提高法律等社会制度广泛的空间融合，并加强社会化监督使地域性隐藏的市场壁垒被逐渐涤除，实施全方位的开放战略降低隐形交易成本，使人力资本的集聚和扩散力量同时加强，从而减少政策限制和边界壁垒导致的资源扭曲，最终消除跨省区劳动力和产品市场分割，提高劳动和资本要素生产率，扩大人力资本红利空间效应。

第二节　人力资本就业红利的开发机制

一、开发女性人力资本红利，创建公平就业机制

根据本书之前的研究结论，于中长期而言，城市教育人力资本水平的提高对女性劳动者工资收入具有更大边际提升作用，表明地区教育人力资本投资将能显著缩小性别工资差距，降低劳动力市场性别歧视现象。因此努力推进女性劳动者市场参与率的提升，创建公平的就业环境，将是扩大我国人力资本红利的又一有效途径。女性劳动者在进入劳动力市场时往往面临着直接和间接歧视，如女性生育和婚姻问题引起的就业障碍，导致在招聘流程最初就有失公平；而职业性别隔离、工资性别差距、生育保护及工资和家庭的平衡等都使女性在日常工作中受到了不平等待遇。其次，关于反歧视问题中最难以解决的问题是衡量标准与概念界定的不明确，目前关于公平就业的相关规定主要来自《劳动法》《就业促进法》规定劳动者享有"平等就业权"，而这在实际就业过程中难以甄别和实施。

因此，一是完善法律法规，制定明确的反就业歧视的相关条例，从源头进行保障，让女性劳动力群体有法可依，同时建立反就业歧视

的执法部门针对性处理违反公平就业的案件，持续强化政府监督管理职责。二是引导企业完善自身的保险福利标准，明确用人单位就业职责，制定企业社会责任评判标准，增加性别统计指标，将女性公平就业纳入考评范围，在执行考评细则过程中完善生育保险政策的实施，发挥制度保障的同时分担企业负担。三是促进工会和非政府组织成长壮大，通过第三方机构维护就业公平，促进就业性别平等。如构建就业性别歧视约谈机制，注重"事后补偿"环节，积极参与就业歧视案件，督促执法部门及时完善政策法规。四是加强政府宣传，营造男女平等的社会环境，鼓励女性群体努力提高自身的人力资本水平，突破传统角色定位，增强社会核心竞争力。同时加强对女性劳动者的就业指导，鼓励女性劳动者积极维护自身公平就业权利。

二、开发健康老年人力资本红利，推进弹性退休机制

劳动力短缺现象已经在中国，大城市比较常见，严重困扰了企业的发展，成为中国经济发展的瓶颈。劳动力短缺现象不仅在中国沿海地区出现，中西部地区同样存在，而伴随劳动力短缺现象的出现，中国劳动力成本显著上升，对制造业、服务业产生了较大的冲击。虽然中国劳动力已经在逐年减少，老龄化程度不断加深，但是人口寿命已有很大程度的延长。延迟退休年龄政策可以充分利用老年人力资源获取缓冲期，缓解中国劳动力不足困境，老年人力资本红利的开发也将对区域经济发展产生新的增长动力。面对未来一定时期内的劳动力短缺问题，国际上许多国家都利用延迟退休政策来解决劳动力不足问题，这些国家的经验表明，延迟退休政策能有效缓解短期内劳动力不足问题。然而，退休政策不应一成不变，而应随着社会形势变化及时

调整。

　　我国人口红利窗口将在 2030 年前后关闭，依靠人口数量带来的高生产率与高储蓄率导致较高的资本积累现状将不复存在。然而，现在的老龄人口在过去 20 年里是劳动力的主力军，虽然年龄逐渐增加，但是随着医疗条件、健康状况的改善，多数人仍具有工作需要的身体条件，而且拥有丰富的人力资本。通过延迟退休，特别是对技术型、专业性强的老年人才实行延迟退休政策，可以充分开发利用老年人力资本红利，传统人口数量红利减弱带来的生产能力损失，会在一定程度上被生产性老龄社会带来的经济贡献补充。具体而言，可以推迟健康状况较好、具有较高专业技术水平或人力资本水平的老年劳动力的退休年龄，为其再就业创造条件，发挥其技术、经验、智慧等比较优势。这将进一步实现老年人的自身价值，增加社会财富并减轻社会养老负担。然而，目前国内每年新增劳动力 1500 多万，存在供大于求的现象，立即推出延迟退休政策条件并不成熟，会对劳动力市场就业产生挤出效应。因此，可以通过渐进、弹性、可选式的开发路径挖掘老年人力资本红利，让面临退休或已经退休的劳动者可以自由调整劳动力供给行为，合理安排未来的劳动时间，弱化延迟退休政策对劳动力市场的负面效应。如刘晓光和刘元春（2017）采用劳动参与率曲线模拟分析法，以城市劳动力为对象测算了"夕阳红利"的规模，发现通过渐进式推迟老年劳动力群体退出劳动力市场，将能够有效推动我国经济增长，前五年将每期产生新增就业人口 200 万—300 万，对地区生产总值增长贡献超过 0.5%。综合而言，延迟退休年龄、开发老年人力资本红利对刺激国内需求和优化产业结构能够产生积极作用，而不同延迟退休方案对经济的刺激效果有较大差异，时间跨度短的方案在短期内刺激效果更佳，而时间跨度较长的方案则相对平滑且对产业发展更加有利，政策制定者应该根据对未来经济形势的判断选择合适的实施方案。

三、完善劳动力就业引导机制

（1）对于农村户籍劳动者的就业引导。根据估计结论，人力资本对农村户籍劳动者的工资收入的边际效应更高，表明努力推动农村户籍劳动者就业，对于发挥人力资本红利有更为显著的推动作用。首先，对于农村户籍劳动者就业，地区各级政府需要解决同样人力资本的农业人口在农村就业与城市就业，以缓解农村中出现的日益严重的"空壳化"问题。尽可能避免农业人口流入城市后被边缘化，不愿放弃农村承包土地权作为自己退守的屏障，而并非真正从事农业生产的局面。必须解决农民城市化进程中因被边缘化而缺乏归属感，又不愿意在农村中从事具有明显比较劣势的农业生产，导致农村土地大面积闲置的问题。农村户籍劳动者的人力资本红利在中西部地区具有更高的增长潜力，结合中西部地区农产品资源丰富的特征，可以大力发展农副产品加工业发挥其资源优势，同时促进第二产业发展。此外，农村户籍劳动者的文化水平普遍不高，因此，可以发展以商贸运输等为代表的第三产业作为吸纳农村剩余劳动力的补充路径。政府还可通过公共政策改革户籍制度，有序地推进城市化，促进农村剩余劳动力进一步转移和农民工市民化，增加城市劳动力供给，也可以通过消除制度障碍疏通劳动力流动渠道，继续提升资源配置效率。

（2）对于高技能劳动者的就业引导。高技能劳动者拥有更高的教育人力资本水平，而根据本书的结论，教育人力资本对高技能劳动者将产生更高的边际增收效应，因而保证高技能劳动者充分的市场参与也将是扩大人力资本红利的有效方式。首先，引导高技能劳动者清楚市场就业环境，尤其是了解当前我国中西部地区的就业环境，随着我国西部大开发和促进中部崛起重大战略的制定，中西部地区就业环境发生了诸多变化。其次，地方政府、企业可以与高校保持紧密联系，积极宣传当地的经济发展及企事业单位运营现状，有效吸纳优秀高技能人才就业。特别是要合理解决高校毕业生与市场化企业的对接问题。再次，地方政府和企业应及时发布就业供需双方的相关市场信息，高等院校则在培养应用型人才时应以市场为导向，前瞻性地培养适应市场、引领市场的应用型人才。最后，建立高技能劳动者就业与创业的保障，鼓励部分大学毕业生到中西部地区创业。然而，面对创业的高风险性，在鼓励高技能劳动者就业与创业的同时，还需要为高技能劳动者创业提供各类保障，如为创业的高技能劳动者提供地区创业信息平台、法律咨询和资源配置等方面的帮助，同时为创业的高技能劳动者提供金融支持，解决高技能劳动者创业资金短缺的客观问题。

（3）对于中西部劳动力市场就业的引导。中西部地区拥有更大的人力资本红利开发潜力，要大力加强对失业者的职业技能培训和再就业培训，提高劳动者的整体职业素质和就业能力，使劳动者能够在就业市场中拥有核心竞争力。需进一步整合区域特色资源，积极调整、优化区域经济结构，创造更多的城市和农村就业岗位，尤其是要发挥如武汉、成都、西安等大城市的科技优势，加快高新技术产业的发展与空间扩散效应。与此同时，要通过中西部地区开放型经济的发展带动就业，在共建"一带一路"倡议中，圈定包括新疆、陕西、甘肃、宁夏、青海、内蒙古等多个中西部地区，在打破省市联合发展局限的同时加入国际因素，为发展中西部地区开放型经济提供一个良好的机遇，激发各项产业生产活力，广泛带动中西部地区就业。

第三节　人力资本空间流动与市场一体化建设协同机制

一、改善劳动力市场分割，建立无内部边界的空间流动机制

空间视域下的人力资本红利虽然能通过空间效应带动经济增长，但是由于空间距离、市场壁垒等因素的制约，其随着时间推移会发生改变，如教育人力资本的空间效应会随着时间推移逐渐减弱甚至消失。一般而言，地方政府为了保护当地劳动力的就业，会一定程度地进行市场分割以减弱其他地区对本地区劳动力市场产生的挤出效应。然而，在受保护的市场条件下劳动者可能会相对降低自身的人力资本投资水平，不利于劳动生产率提升及地区经济的长期可持续发展。当前我国劳动力市场存在明显的户籍壁垒、性别歧视和行业分割等现象，劳动力跨区域流动的同时也受到这些条件的制约。"一刀切"的市场分割和保护政策虽然对于低技能劳动力的工资收入具有一定的提升作用，但同时也制约了对高技能劳动力的配置优化。长期的市场扭曲将弱化人力资本溢出效应在时间—空间上的持续性。因此，要积极改善劳动力市场分割现象，破除地理空间上的流动壁垒、地域性歧视等市场扭曲现象，使高技能劳动力自由流动、低技能劳动力充分就业，实现人力资本投资收益长期化。具体而言，需要不断提升劳动力市场配置功能，建立合理的竞争机制、完善的择业机制和良好的信息机制，通过实现无内部边界、无地域歧视的空间流动机制让人力资本要素在区域间得到有效的市场化配置，以最大限度地

释放人力资本 (尤其是女性、低技能劳动者) 的潜在红利，实现区域平衡、充分发展。

二、建立公平竞争、开放有序的劳动力市场一体化机制

改革开放以来劳动力市场环境得到显著改善，但仍然存在限制人力资本效应发挥的重要壁垒。地方保护主义、制度壁垒及户籍制度抑制了人力资本的区域自由配置、城乡自由配置、国有部门和非国有部门自由配置可能带来的潜在绩效。人力资本的配置优化将能有效提升劳动生产率，推动区域经济持续高质量发展。未来经济发展的重要助推器之一是实现劳动力"全流通"战略，即打开限制人口流动的一切壁垒，允许劳动力无条件、无限制地自由流动和配置，实现劳动力在企业内部与企业之间、产业内部与产业之间、地区内部和地区之间、区域内部和区域之间的优化组合，使人力资本得到充分合理的利用。要实现上述目标，就应该从根本上突破城乡劳动力流动分割制度，无论是就业制度、社会保障制度，还是户籍制度、教育制度，都应该全面走向一元化，通过市场导向功能建立高效的一体化劳动力市场。

具体而言，建立公平竞争、开放有序的全国一体化劳动力市场可以从以下方面入手：首先，可以建立具备开放、整合、实时互动等特征的区域劳动力市场信息系统平台，通过各级人力资源和社会保障部门的协同作用，实时发布劳动力市场需求信息，为劳动力市场企业与劳动者（尤其是农村、女性、低技能劳动者）及时提供就业岗位信息以及对应的薪酬福利、社会保障等相关信息，实现信息充分共享的一体化服务体系。其次，加强区域间劳务协作，通过宏观调控、市场调节需求减少人口流动的盲目性，实现从无序流动向有序流动转变，给

人口流动创建一个宽松的环境，降低跨区域流动成本，为劳动者的自由流动和统一的劳动力市场形成创造条件。最后，除了信息市场一体化，对于削弱行政区划壁垒的措施也需同步实施，如打破劳动者在不同地域和部门间的界限，推动城市间、地区间协同发展规则的建立，进行产业结构升级联动、市场化进程联动、交通基础设施建设联动和政策法规制定联动的一体化劳动力市场，强化区域经济一体化功能。此外，有组织、不失时机地开展国际劳务合作，开拓国际劳务市场，把国内人力资本流动市场延伸拓展到全球范围，促进国际人力资本交流，引导并促进人力资本流动均衡长期化。

三、优化人力资本市场体系，构建人力资本空间协同机制

首先，从源头优化人力资本市场供给体系。持续提高人力资本水平，让更多接受过高等教育的劳动者进入劳动力市场，会极大提升企业的劳动生产率，但是长期也可能造成知识失业现象。即人力资本的过度积累会导致资源浪费及人力资本过剩，这就需要优化人力资本供给结构。目前地区整体人力资本水平的提升对就业还未能形成显著的提升作用，劳动者就业更多是取决于个人人力资本水平及其与市场就业岗位的匹配度。因此，未来在人力资本结构调整过程中一方面需加强对高等教育发展规模、办学理念、教学方式的引导，学校所开设的专业、知识结构以及授课内容必须紧跟经济、社会发展趋势。特别是对于中西部地区，在承接东部发达地区的产业转移过程中，必将对产业所需的高技能劳动力形成长期需求，所以中西部地区高等院校、职业技术院校的办学方向应该积极根据劳动力市场新的需求结构特征进行合理调整，使人才培养计划与转移产业所需的高技能劳动力有机衔

接。这要求高等院校、职业技术院校等人才培养机构与市场、企事业单位等劳动力需求方保持紧密关联，实时进行信息交换。对于政府的管理调控，在进行督导的同时可以通过教育培训的激励机制来提升各类高校、培训机构的办学积极性，作为市场用人单位与人才培养单位的桥梁，可以通过充分的市场调查制定任职资格指导目录，及时向社会发布。同时，加大财政支持力度，对教育培训机构进行成本分担，特别是引入市场企业的资金进行合作办学，减轻人才培养单位的投入不足问题。将人才培养质量与财政补贴额度挂钩，实现政府、企业及人才培养单位合作共赢的局面，从源头改善人力资本结构及劳动力市场供给体系。

其次，优化人力资本市场报酬体系。努力改善收入分配体制，缩小人力资本价值与其所得收益的差距，实行激励机制，做到"优质优价"，给人力资本以合理的收益回报。当前中西部地区人力资本积累的边际增收效应更高，表明需要制定有利于中西部欠发达地区引进人才、留住人才的政策，给予迁入中西部地区的高技能劳动力一定的政府补贴，减轻其在工作和生活中的经济负担，特别是在住房、子女教育、医疗等方面给予充分的保护，降低高技能人才在生产中的成本和风险。进一步地，可以继续通过户籍制度改革完善社会保障制度，使流动劳动力在各区域都能享受无差异的社会保障条件，同质人才的实际收入在地区间达到大体上的均衡，进而从根本上解决发达地区经济过度聚集以及欠发达地区面临的人才外流问题。然而，考虑到我国长期的二元户籍制度、地区间的公共服务不均等以及地方保护主义等现象，户籍制度在短期难以完全放开，但是可以通过逐步削弱户籍的功能（包括教育、医疗、住房等社会保障功能），将其对劳动者自由流动的制约力度逐渐减弱，进而各区域人力资本的投资收益逐渐趋同，人力资本报酬体系将更为合理。

最后，构建人力资本空间协同机制，实现人力资本市场供给结构、报酬体系与经济产业结构转型升级相协调。合理的经济产业结构是充分发挥人力资本红利的重要载体，经济产业结构的不合理，尤其服务业发展滞后，将造成劳动力资源市场配置效率的降低，一定程度上阻碍了劳动生产率的提升与人力资本红利的释放。劳动力流动过程包含了劳动力在产业间的流动，在当前地区和产业向中西部欠发达地区"双转移"的过程中，不能只转移不升级，必须在转移时优化和调整产业结构。与此同时，中西部欠发达地区在承接产业转移的过程中，应明确自身的资源禀赋优势和地理区位优势，通过产业链的不断完善和产业布局的不断优化引导劳动力回流，做到"以产引人、以产找人、以业控人"。形成回流劳动力、产业结构升级与人力资本开发三者之间的协同联动机制。此外，资源配置以市场为导向，优化区域间的产业结构分工和优势互补，使农村、乡镇、城市之间建立合理的人力资本流动网，实现人力资本结构和产业结构的良性互动，则产业结构优势形成的同时也将降低对劳动力市场就业等方面造成的负面影响。同时，区域产业结构升级的过程中应加快构建新的经济区划体系，合理界定经济区域边界范围及其发展方向，切实提高人力资本的市场利用效率，同时积极破除地区封锁，促进区域间优势互补与合作交流，实现空间协同的一体化格局。

首先，区域性人力资本红利的开发策略应侧重于提升教育和健康资本在各地区的投入—产出效率，在此基础上，通过人力资本空间关联性开发策略扩大人力资本红利。对教育人力资本而言，建立地区之间良好的秩序与合作关系，使教育人力资本的空间扩散效应具有可持续性，实现地区间的激励相容，以内化人力资本空间效应的外部性特征。对于健康人力资本而言，可以借助"有形的手"推动健康人力资本公共投资，尽可能在地区之间选择均等化的健康投资策略，向健康资源不足地区实施适度倾斜的健康投资，弱化健康人力资本的空间虹吸效应。同时应注重人力资本区域关联性发展策略，如较发达地区（京津冀、长三角、珠三角等）不应局限于邻接省域的协同发展，要注重向具有更大边际效应的中西部地区扩展，提升教育和健康人力资本对中国经济增长的贡献。其次，注重劳动力就业引导机制的构建，积极开发老年人力资本红利，提升女性劳动力参与率，创建公平的劳动力市场就业环境。再次，人力资本空间流动机制的改善，需要进一步削弱劳动力市场分割，构建无内部边界的空间流动引导机制，逐步建成公平竞争、开放有序的劳动力市场一体化体系，同时需要改善人力资本流动的外部引导机制，促进劳动力内外流动均衡。最后，人力资本市场体系建设方面，应继续优化人力资本市场报酬体系，同时从源头改善人力资本的供给体系，提升其与经济产业结构的匹配度，产业转移与升级并举，构建人力资本协同联动机制，扩大人力资本红利。

第八章 总结与展望

第一节 研究总结

本章在新经济增长理论基础上，充分考虑人力资本的空间可流动性与分异特征，结合新经济地理学的"中心—外围"理论，以我国人口转变和人口数量红利期限为现实背景，探讨了如何在人口数量红利即将消逝之际挖掘人口质量红利，实现数量型"人口红利"向质量型"人力资本红利"的动力转换。通过考察人力资本聚集的溢出效应及其随时间和空间的变动规律，构建扩大我国人力资本红利的开发策略与引导机制。

一、理论研究总结

首先基于 Becker 的人口偏好结构理论分析发现，家庭生育子女数量的减少，会使父母更倾向于对子女进行健康、教育等方面的投入，激励了父母对子女人力资本的投资需求。微观个体（家庭）行为的改变，将在宏观层面上聚合成区域经济增长的重要推动力量，人力资本水平提升形成的有利于经济增长的"行为效应"将创造"人口质量红利"或"人力资本红利"。由于人力资本作为经济增长主要投入要素克服了物质资本边际生产力递减的特性，因而这种内生增长模式具有持续性和稳定性。其次，基于 Solow 经济增长模型，通过构建引入教育和健康异质性人力资本的拓展模型，描述异质性人力资本对经济增长即异质性人力资本红利的形成路径，结果表明，教育和健康投资以及地区教育和健康人力资本的积累都将有助于推动经济增长。再次，基于新经济地理学的"中心—外围"理论，结合我国区域经济发展特征，分别对人力资本红利的空间虹吸效应和空间扩散效应进行了系统阐述。事实上，在经济发展过程中，虹吸效应和扩散效应是同时存在的，只是其呈现的主导形式（净效应）在不同经济发展阶段会有所差异。最后，基于产业聚集理论与地理学定律，讨论了人力资本红利的溢出效应在时间和空间上的变动规律。经济中心的初步形成时期，人力资本聚集对劳动要素价格的增长效应可能会呈现加强趋势，而之后的贸易一体化将使工业向外围地区扩散，这意味着从长期动态来看，市场自由化可以相对降低核心区的要素报酬率。因而人力资本聚集促进劳动生产率提升、形成空间溢出效应的同时，还将随时间的推移发生趋势性变动。从空间维度看，由于空间壁垒的存在，边界效应的制约使知识和技术不能在地区间完全自由流动，按照地理学第一定律，技术的空间扩散作用一般会随着空间距离的增加或空间壁垒的加强呈现减弱态势。因为区域运行系统之间往往缺乏良性互动，会形成相互分割的经济运行空间。然而，人力资本流动与聚集不同于技术单向扩散，其空间效应受劳动力流动规模及工资水平、户籍制度、经济发展阶段、市场化进程等多个因素制约，因而人力资本聚集的空间变动规律需要精确的计量分析。

二、实证研究总结

首先，通过空间探索性分析方法（ESDA）对我国人力资本发展状况做空间相关性分析。通过考察东、中、西部地区教育和健康人力资本的区域差异发现，东部地区教育人力资本长期高于中西部地区，就教育基尼系数而言，西部地区最高，东部地区在多数年份高于中部地区。健康人力资本方面，东部地区每万人床位数从 2011 年开始落后于中西部地区，但受人口结构的影响，东部地区死亡率长期低于中西部地区；从健康人力资本流动结构看，中部地区医疗健康资源流动结构处于较好水平，接近于 1，西部地区人力资本流动系数大于 2，与经济贡献相比，健康资本投资相对较高；东部地区人力资本流动系数小于 1，健康资本投资对于其经济贡献处于相对较低水平，而且长期呈现下降趋势。

分省域考察教育和健康人力资本的空间分布特征发现，地区抚养比越高的地区平均受教育年限越低。2001—2016 年各省域高技能劳动力比例呈现由西到东梯次递增的态势，东部省域具有更快的上升趋势，东部地区能够长期吸纳高人力资本劳动力，产生了人力资本的聚集效应。从空间相关性看，教育和健康人力资本在空间上均表现出相似地区相互聚集的空间分布特征，呈现高—高聚集或低—低聚集的空间自相关特点；与经济发展相关联，地区人均 GDP 与周边地区教育人力资本发展水平呈现空间正相关性，而地区人均 GDP 与周边地区健康人力资本发展水平在期初呈现空间正相关性，在期末呈现空间负相关特征。据此，要准确测度教育和健康两类人力资本对经济增长的空间效应，还需进行精确的计量分析。

其次，采取我国地级市面板数据，通过空间杜宾模型考察教育人力资本、健康人力资本和人口数量红利三个变量对地区经济增长的边际作用特征发现：我国人力资本红利将能缓解逐渐消失的人口数量红利；从空间维度看，全域空间上人口数量红利和健康人力资本对经济增长以空间虹吸效应为主导形式呈现，表明就业人口和健康人力资本分布的不均衡性会扩大市域间经济增长差距；教育人力资本对经济增长以空间扩散效应为主导形式呈现，表明合理利用教育人力资本的空间扩散效应将能有效缩小地区间的经济增长差距。局域空间上基于不同距离门槛值的估计结果表明，随着地区间空间壁垒的逐渐削弱、市场边界范围的扩大或人力资本潜力的逐渐提升，地区间人力资本对经济增长的作用将会逐渐增强。

进一步地，在城市面板数据基础上结合 2012—2016 年中国劳动力动态调查数据（CLDS），采用多层次空间计量模型综合考察人力资本红利的时间—空间效应发现：全域空间上，教育人力资本具有显著的空间扩散效应，能带动周边地区劳动者收入提升，但是随着时间的推移这种效应会逐渐消失；健康人力资本水平的空间效应具有滞后特性，本地区劳动者收入增长会由于周边地区健康人力资本水平的提升受到制约，表明地区间医疗健康水平的差距一旦形成，将能产生持续的虹吸效应。局域空间上，当模拟我国城市间市场壁垒逐渐被削弱，即各城市涵盖的教育和健康人力资本潜力更大时，其对劳动者工资收入的空间溢出效应也随之增强。与此同时，本地区教育人力资本对劳动者的边际增收效应呈现逐渐减弱趋势，表明来自其他地区的教育人力资本对本地区教育人力资本的边际增收作用具有替代性或互补性特征。

对异质劳动群体而言，个人健康水平的提升将能显著缩小性别、户籍以及技能工资收入差距；个人教育水平提升会缩小性别工资收入差距，但加大了户籍、技能工资收入差距。地区教育人力资本提升将显著缩小性别工资收入差距，在中期将显著缩小城乡户籍劳动者工资收入差距，但是长期看这一差距仍将继续扩大，同时也会增加高技能劳动者与低技能劳动者工资收入差距，产生"临界分割效应"。表明未来加大地区教育投入推动整体人力资本水平提升的同时，应更加重视对于农村户籍、低技能劳动者教育人力资本水平的提升。空间维度上，教育人力资本的空间扩散效应将更有益于城市、高技能劳动者工资收入的增长。健康人力资本对劳动者工资收入的空间虹吸效应具有时滞性，长期而言对农村、女性、低技能弱势劳动力群体工资收入的抑制作用更大。

对不同区域而言，个体层面的教育和健康水平提升均对中西部地区劳动者工资增收的边际作用更大。地区教育人力资本对劳动者工资增收作用在中西部地区更显著；中西部地区劳动者受到的教育人力资本的空间扩散效应更高，同时中西部劳动者受城市健康人力资本的空间虹吸效应也更大。表明当教育人力资本的空间扩散效应被合理利用时，应更加注重健康医疗公共服务水平的均衡化发展，以削弱健康人力资本的空间虹吸效应对（弱势）劳动力群体工资收入增长的抑制作用。基于人力资本就业红利的时间—空间效应分析发现：全域空间上，邻近地区教育人力资本能够通过空间扩散效应增加本地区的就业水平，但这一现象会随着时间的推移逐渐消失，并最终增加本地区的就业压力，而且在东部地区更显著；对于地区健康人力资本而言，邻近地区医疗健康水平提升将在长期显著降低本地区的失业水平，提升劳动力市场整体就业水平。局域空间上仍然显示出随着空间壁垒的逐渐减弱、市场一体化水平的逐步提升，人力资本红利呈现的空间效应也将逐渐提高。

三、人力资本红利的开发策略与引导机制总结

首先，区域性人力资本红利的开发策略应侧重于提升教育和健康资本在各地区的投入—产出效率，在此基础上，通过人力资本空间关联性开发策略扩大人力资本红利。对教育人力资本而言，建立地区之间良好的秩序与合作关系，使教育人力资本的空间扩散效应具有可持续性，实现地区之间的激励相容，以内化人力资本空间效应的外部性特征。对于健康人力资本而言，尽可能在地区之间选择均等化的健康投资策略，向健康资源不足地区实施适度倾斜以弱化健康人力资本的空间虹吸效应，缩小地区间劳动者工资收入增长差距。同时，应注重人力资本区域关联性发展策略，如较发达地区不应局限于邻接省域的协同发展，要注重向具有更大边际增长效应的地区扩展，提升教育和健康人力资本对中国经济增长的贡献。其次，开发人力资本的就业红利，注重劳动力就业引导机制的构建，积极开发健康老年人力资本红利，提升女性劳动力参与率，创建公平的劳动力市场就业环境。再次，对于人力资本空间流动机制的改善，需要进一步削弱劳动力市场分割，构建无内部边界的空间流动引导机制，逐步建成公平竞争、开放有序的劳动力市场一体化体系，同时需要改善人力资本流动的外部引导机制，促使劳动力内外流动均衡。最后，人力资本市场体系建设方面，应继续优化人力资本市场报酬体系，同时从源头改善人力资本的供给体系，提升其与经济产业结构的匹配度，构建人力资本协同联动机制。如打破地区封锁，促进地区间优势互补与合作交流，使农村、

乡镇、城市之间建立合理的人力资本流动网，实现人力资本结构和产业结构的良性互动，扩大人力资本红利。

第二节 研究展望

（1）本书虽然模拟了各地区市场壁垒逐渐削弱、一体化程度逐渐提升的情形。然而，经济聚集的过程中，外围地区劳动力市场并非一定能享受到中心地区聚集经济产生的"规模红利"。这就要求一个地区充分考虑人力资本空间效应随距离衰减的特性和有效边界（半径）的范围，从而决定究竟是通过削减运输成本、消除市场壁垒的方法进行市场"空间修复"[①]，继续依靠扩大人力资本空间溢出效应的方式改善地区劳动力工资收入和就业水平增长差距；还是进行市场"空间重构"[②]，基于空间有效边界培植新的区域增长极或人力资本聚集中心？因此，如果城市数据齐全，即不存在样本缺失和间隔，仍可以进一步通过划分不同圈层，考察对指定圈层之间的人力资本溢出效应，这将能进一步界定人力资本红利空间溢出效应的空间边界的具体范围。（2）本书虽然一定程度考察了人力资本对异质劳动力群体的影响差异，然而劳动力本身也存在流动与迁移异质性，如高技能劳动者流动频率要高于低技能劳动者，存在异质劳动者区位选择问题，而从更为微观的视角、采用跨度更长的微观追踪面板数据考察不同类别劳动者

[①] "空间修复"是指市场地理扩张，在本文主要指拓展本地市场，通过削减地区间市场壁垒，与更多地区建立市场关联，获取其他市场更多的潜在需求。（大卫·哈维：《新帝国主义》，初立忠、沈小雷译，社会科学文献出版社 2009 年版）

[②] "空间重塑（构）"是指按照新的资源空间配置逻辑组织和分配资源，调整区域间空间组合。

流动期间对自身工资收入的影响，是人力资本红利空间效应形成的微观含义，可以作为本书宏观层面研究的一种补充。（3）以某个城市某个行业作为案例的形式考察人力资本流动与聚集过程中的空间效应，即测度人力资本流入或流出产生的对本地劳动者工资收入与就业的净效应，可得到与本书相呼应的更为确切的结论。（4）对于人力资本红利时间—空间效应的研究中，后期如果可拥有跨度更长年份的中国劳动力动态调查数据（CLDS），则能更为细致地考察人力资本红利在不同周期的动态效应。从县域、城镇等更小单位构建地区人力资本变量，结合对应调查的微观劳动者动态数据，将更能体现本书的研究意义。

参考文献

［1］边雅静、沈利生：《人力资本对我国东西部经济增长影响的实证分析》，《数量经济技术经济研究》2004 年第 12 期。

［2］毕先萍：《劳动力流动对中国地区经济增长的影响研究》，《经济评论》2009 年第 1 期。

［3］陈佳鹏：《关于中国人口红利的内涵解读、定量分析及政策建议》，《思想战线》2012 年第 2 期。

［4］陈国生、倪长雨、张亨溢：《人力资本投资与农村非农就业关系的实证研究》，《经济地理》2015 年第 5 期。

［5］蔡昉：《未来的人口红利——中国经济增长源泉的开拓》，《中国人口科学》2009 年第 1 期。

［6］蔡昉：《中国的人口红利还能持续多久》，《经济学动态》2011 年第 6 期。

［7］蔡昉：《人口转变、人口红利与刘易斯转折点》，《经济研究》2010 年第 4 期。

［8］蔡昉、王美艳：《中国人力资本现状管窥——人口红利消失后如何开发增长新源泉》，《学术前沿》2012 年第 6 期。

［9］蔡昉：《人口红利拐点已现》，《人民日报》2013 年 1 月 28 日。

［10］车士义、郭琳：《结构转变和制度变迁下的人口红利与经济增长》,《人口研究》2011 年第 3 期。

［11］曹乾、杜雯雯：《健康的就业效应与收入效应：基于 Heckman 模型的检验》,《经济问题探索》2010 年第 1 期。

［12］程名望、史清华：《经济增长、产业结构与农村劳动力转移》,《经济学家》2007 年第 5 期。

［13］陈得文、苗建军：《人力资本集聚、空间溢出与区域经济增长——基于空间过滤模型分析》,《产业经济研究》2012 年第 5 期。

［14］方超、罗英姿：《教育人力资本及其溢出效应对中国经济增长的影响研究——基于 Lucas 模型的空间计量分析》,《教育与经济》2016 年第 4 期。

［15］符淼：《地理距离和技术外溢效应——对技术和经济集聚现象的空间计量学解释》,《经济学（季刊）》2009 年第 4 期。

［16］樊士德、姜德波：《劳动力流动与地区经济增长差距研究》,《中国人口科学》2011 年第 2 期。

［17］董芳、朱宝树、周江涛：《人力资本投资、产业结构升级与城市就业的动态关系研究——基于全国 270 个地级及以上城市的面板 VAR 模型》,《西北人口》2014 年第 6 期。

［18］范勇：《人力资本、技术进步与就业》,《江西社会科学》2010 年第 2 期。

［19］葛小寒：《人口转变的含义、判别标准及模式》,《西北人口》1999 年第 2 期。

［20］郭志仪、曹建云：《人力资本对中国区域经济增长的影响——岭估计法在多重共线性数据模型中的应用研究》,《中国人口科

学》2007 年第 4 期。

[21] 高建昆：《中国人口转变与人口红利分析》，《当代经济研究》2012 年第 4 期。

[22] 高远东、花拥军：《异质性人力资本对经济增长作用的空间计量实证分析》，《经济科学》2012 年第 1 期。

[23] 高鸣、宋洪远：《粮食生产技术效率的空间收敛及功能区差异——兼论技术扩散的空间涟漪效应》，《管理世界》2014 年第 7 期。

[24] 辜胜阻、孙祥栋、刘江日：《推进产业和劳动力"双转移"的战略思考》，《人口研究》2013 年第 3 期。

[25] 胡海洋、姚晨：《聚集经济、人力资本与经济增长——基于省级动态面板数据的系统 GMM 分析》，《工业技术经济》2018 年第 4 期。

[26] 黄斌、徐彩群：《农村劳动力非农就业与人力资本投资收益》，《中国农村经济》2013 年第 1 期。

[27] 胡鞍钢、才利民：《从"六普"看中国人力资源变化：从人口红利到人力资源红利》，《清华大学教育研究》2011 年第 4 期。

[28] 景光仪：《我国经济转型期教育投资影响就业的两种功能》，《经济体制改革》2012 年第 3 期。

[29] 江飞涛、武鹏、李晓萍：《中国工业经济增长动力机制转换》，《中国工业经济》2014 年第 5 期。

[30] 刘琦：《人口偏好结构转变、人口质量红利与中国农业发展》，博士学位论，陕西师范大学，2014 年。

[31] 林竹：《农民工就业：人力资本、社会资本与心理资本的协同》，《农村经济》2011 年第 12 期。

[32] 刘云晨：《我国人口年龄结构变动对经济增长影响的实证研

究》，博士学位论，首都经济贸易大学，2014 年。

［33］刘泽云、赵佳音：《教育对地区性别工资差异的影响——基于地市级数据的分析》，《北京师范大学学报 (社会科学版)》2014 年第 2 期。

［34］李德煌、夏恩君：《人力资本对中国经济增长的影响——基于扩展 Solow 模型的研究》，《中国人口资源与环境》2013 年第 8 期。

［35］逯进、苏妍：《人力资本、经济增长与区域经济发展差异——基于半参数可加模型的实证研究》，《人口学刊》2017 年第 1 期。

［36］廖海亚：《人口红利：理论辨析、现实困境与理性选择》，《经济学动态》2012 年第 1 期。

［37］厉以宁：《经济发展的优势》，《中国流通经济》2012 年第 12 期。

［38］厉以宁：《农民工、新人口红利与人力资本革命》，《改革》2018 年第 6 期。

［39］罗凯：《健康人力资本与经济增长：中国分省数据证据》，《经济科学》2006 年第 4 期。

［40］刘晓光、刘元春：《延迟退休对我国劳动力供给和经济增长的影响估算》，《中国人民大学学报》2017 年第 5 期。

［41］刘家强、唐代盛：《关于人口红利问题的几点思考》，《人口与发展》2007 年第 4 期。

［42］李建民：《对人口红利的再认识 : 来源、结构与机制》，《贵州财经大学学报》2016 年第 6 期。

［43］李建民：《中国的人口新常态与经济新常态》，《人口研究》

2015 年第 1 期。

　　［44］刘怀宇、马中：《"刘易斯转折点"假象及其对"人口红利"释放的冲击》，《人口研究》2011 年第 4 期。

　　［45］李稻葵、石锦建、金星晔：《"十三五"时期中国经济增长潜力和前景分析》，《投资研究》2015 年第 12 期。

　　［46］逯进、翟倩倩、周慧民：《中国省域人力资本空间溢出效应的实证分析》，《人口学刊》2014 年第 2 期。

　　［47］刘智勇、李海峥、胡永远、李陈华：《人力资本结构高级化与经济增长——兼论东中西部地区差距的形成和缩小》，《经济研究》2018 年第 3 期。

　　［48］刘巳洋、路江涌、陶志刚：《外商直接投资对内资制造业企业的溢出效应：基于地理距离的研究》，《经济学（季刊）》2008 年第 1 期。

　　［49］李亚玲、汪戎：《人力资本分布结构与区域经济差距——一项基于中国各地区人力资本基尼系数的实证研究》，《管理世界》2006 年第 12 期。

　　［50］李婧、谭清美、白俊红：《中国区域创新生产的空间计量分析——基于静态与动态空间面板模型的实证研究》，《管理世界》2010 年第 7 期。

　　［51］刘云刚、燕婷婷：《地方城市的人口回流与移民战略——基于深圳—驻马店的调查研究》，《地理研究》，2013 年第 7 期。

　　［52］骆永民、樊丽明：《中国农村人力资本增收效应的空间特征》，《管理世界》2014 年第 9 期。

　　［53］梁琦、李晓萍、吕大国：《市场一体化、企业异质性与地区补贴——一个解释中国地区差距的新视角》，《中国工业经济》2012 年

第 2 期。

［54］鲁元平、王品超、朱晓盼：《城市化、空间溢出与技术创新——基于中国 264 个地级市的经验证据》，《财经科学》2017 年第 11 期。

［55］刘伟、蔡志洲：《我国工业化进程中产业结构升级与新常态下的经济增长》，《北京大学学报（哲学社会科学版）》2015 年第 3 期。

［56］李德洗、席桂萍：《产业发展、人力资本与农村劳动力非农就业》，《经济经纬》2011 年第 6 期。

［57］毛毅、冯根福：《人口结构转变、家庭教育投资与中国经济增长》，《西安交通大学学报（社会科学版）》2012 年第 4 期。

［58］孟令国、王清、胡广：《二次人口红利视角下国民储蓄率影响因素分析》，《经济科学》2013 年第 5 期。

［59］穆光宗：《中国的人口红利：反思与展望》，《浙江大学学报（人文社会科学版）》2008 年第 3 期。

［60］马力、姜卫平、桂江丰等：《中国人口老龄化战略研究》，《经济研究参考》2011 年第 6 期。

［61］毛捷、汪德华、白重恩：《民族地区转移支付、公共支出差异与经济发展差距》，《经济研究》2011 年第 2 期。

［62］潘文卿：《中国的区域关联与经济增长的空间溢出效应》，《经济研究》2012 年第 1 期。

［63］潘文卿：《知识的空间溢出效应与区域劳动生产率——基于距离指数与投入产出空间权矩阵》，《经济学报》2019 年第 3 期。

［64］秦立建、秦雪征、蒋中一：《健康对农民工外出务工劳动供给时间的影响》，《中国农村经济》2012 年第 8 期。

［65］瞿凌云：《人口政策的经济效应分析基于人口数量与质量替代效应的视角》，《人口与经济》2013 年第 5 期。

［66］任远：《中国人口格局的转变和新人口发展战略的构造》，《学海》2016 年第 1 期。

［67］任远：《中国后人口转变时期的人口战略转型》，《南京社会科学》2017 年第 1 期。

［68］孙琼、谭智勇、王晓芳：《计划生育政策调整对经济增长影响的统计检验》，《统计与决策》2018 年第 16 期。

［69］孙树强：《资本积累、人为资本投资与生育率降低》，《人口与经济》2013 年第 2 期。

［70］孙顶强、冯紫曦：《健康对我国农村家庭非农就业的影响：效率效应与配置效应》，《农业经济问题》2015 年第 8 期。

［71］生延超、周玉姣：《适宜性人力资本与区域经济协调发展》，《地理研究》2018 年第 4 期。

［72］阮荣平、郑风田：《"教育抽水机"假说及其检验》，《中国人口科学》2009 年第 5 期。

［73］舒元、才国伟：《我国省际技术进步及其空间扩散分析》，《经济研究》2007 年第 6 期。

［74］孙文凯、白重恩、谢沛初：《户籍制度改革对中国农村劳动力流动的影响》，《经济研究》2011 年第 1 期。

［75］沈坤荣、余吉祥：《农村劳动力流动对中国城镇居民收入的影响：基于市场化进程中城乡劳动力分工视角的研究》，《管理世界》2011 年第 3 期。

［76］孙祥栋、王涵：《2000 年以来中国流动人口分布特征演变》，

《人口与发展》2016 年第 1 期。

［77］杨英、林焕荣：《基于理性预期的第二次人口红利与储蓄率》，《产经评论》2013 年第 2 期。

［78］吴帆、林川：《欧洲第二次人口转变理论及其对中国的启示》，《南开学报（哲学社会科学版）》2013 年第 6 期。

［79］王维国、刘丰、胡春龙：《生育政策、人口年龄结构优化与经济增长》，《经济研究》2019 年第 1 期。

［80］王云多：《人口老龄化对劳动供给和人力资本投资时间的影响》，《南京审计学院学报》2014 年第 2 期。

［81］王桂新、陈冠春：《中国人口变动与经济增长》，《人口学刊》2010 年第 3 期。

［82］土金昌、杨磊：《中国人口转变、人口红利与经济增长的实证》，《人口学刊》2010 年第 5 期。

［83］王丰：《人口红利真的是取之不尽、用之不竭的吗？》，《人口研究》2007 年第 6 期。

［84］王德文、蔡昉、张学辉：《人口转变的储蓄效应和增长效应——论中国增长可持续性的人口因素》，《人口研究》2004 年第 5 期。

［85］王弟海、龚六堂、李宏毅：《健康人力资本、健康投资和经济增长——以中国跨省数据为例》，《管理世界》2008 年第 3 期。

［86］魏下海：《人力资本、空间溢出与省际全要素生产率增长——基于三种空间权重测度的实证检验》，《财经研究》2012 年第 12 期。

［87］吴中伦、陈万明：《中国教育人力资本非均衡性的测度分

析》,《现代教育管理》2010 年第 3 期。

[88] 王圣元、陈万明、周蔓:《异质性人力资本对经济增长作用区域差异研究》,《工业技术经济》2016 年第 2 期。

[89] 王士红:《人力资本与经济增长关系研究新进展》,《经济学动态》2017 年第 8 期。

[90] 王建康、谷国锋、姚丽、陈园园:《中国新型城镇化的空间格局演变及影响因素分析——基于 285 个地级市的面板数据》,《地理科学》2016 年第 1 期。

[91] 汪锋、张宗益、康继军:《企业市场化、对外开放与中国经济增长条件收敛》,《世界经济》2006 年第 6 期。

[92] 王延中、冯立果:《中国医疗卫生改革何处去——"甩包袱"式市场化改革的资源集聚效应与改进》,《中国工业经济》2007 年第 8 期。

[93] 卫平、薛冰:《转移支付对医疗卫生服务均等化的影响研究》,《中国卫生经济》2017 年第 3 期。

[94] 徐向龙:《广东省产业结构与就业结构演进特征与互动效率研究》,《学术研究》2002 年第 5 期。

[95] 许召元、李善同:《区域间劳动力迁移对经济增长和地区差距的影响》,《经济学 (季刊)》2008 年第 1 期。

[96] 杨成钢、闫东东:《质量、数量双重视角下的中国人口红利经济效应变化趋势分析》,《人口学刊》2017 年第 5 期。

[97] 闫淑敏、秦江萍:《人力资本对西部经济增长的贡献分析》,《数量经济技术经济研究》2002 年第 11 期。

[98] 杨建芳、龚六堂、张庆华:《人力资本形成及其对经济增长

的影响—— 一个包含教育和健康投入的内生增长模型及其检验》,《管理世界》2006 年第 5 期。

［99］姚先国、张海峰:《教育、人力资本与地区经济差异》,《经济研究》2008 年第 5 期。

［100］原新、刘厚莲:《中国人口红利真的结束了吗?》,《人口与经济》2014 年第 6 期。

［101］于洋:《中国省际贸易流量再估算与区间分解》,《中国经济问题》2013 年第 5 期。

［102］邹至庄:《中国经济转型》,北京:中国人民大学出版社2005 年版。

［103］张秀武、赵昕东:《人口年龄结构、人力资本与经济增长》,《宏观经济研究》2018 年第 4 期。

［104］朱承亮:《中国经济增长效率及其影响因素的实证研究:1985—2007 年》,《数量经济技术经济研究》2009 年第 9 期。

［105］钟水映、赵雨、任静儒:《"教育红利"对"人口红利"的替代作用研究》,《中国人口科学》2016 年第 2 期。

［106］钟水映、李魁:《人口红利、空间外溢与省域经济增长》,《管理世界》2010 年第 4 期。

［107］张同斌:《从数量型"人口红利"到质量型"人力资本红利"——兼论中国经济增长的动力转换机制》,《经济科学》2016 年第5 期。

［108］张同斌、刘琳:《政府干预、市场化进程与经济增长动力——兼论"简政放权"如何动态释放改革红利》,《浙江社会科学》2017 年第 1 期。

[109]张茉楠:《把人口红利转为人力资本红利》,《宁波经济》2012年第9期。

[110]朱宇、刘爽:《第二次人口红利理论回顾与中国实践展望》,《西北人口》2019年第2期。

[111]赵奇伟、熊性美:《中国三大市场分割程度的比较分析:时间走势与区域差异》,《世界经济》2009年第6期。

[112]曾康华、吕婷婷:《人口红利、财政支出与经济增长》,《社会学研究》2013年第9期。

[113]张晓蓓、李子豪:《人力资本差异加剧了区域经济失衡吗》,《经济学家》2014年第4期。

[114]朱云章:《我国城乡劳动力流动影响收入差距变化的机理分析》,《科学·经济·社会》2010年第1期。

[115]周亚虹、宗庆庆、陈曦明:《财政分权体制下地市级政府教育支出的标尺竞争》,《经济研究》2013年第11期。

[116]曾红颖:《我国基本公共服务均等化标准体系及转移支付效果评价》,《经济研究》2012年第6期。

[117]Andersson B. Scandinavian Evidence on Growth and Age Structure [J]. Regional Studies, 2001, 35(5): 377-390.

[118]Acemoglu D, Johnson, S. Disease and Development: The Effect of Life Expectancy on Economic Growth [J]. Journal of Political Economy, 2007, 115(6): 925-85.

[119]Andersson R, Quigley J M, Wilhelmsson M. Urbanization, Productivity and Innovation: Evidence from Investment in Higher Education [J]. Journal of Urban Economics, 2009, 66(1): 2-15.

［120］Anselin L. Local Indicators of Spatial Association–LISA ［J］. Geographical Analysis, 1995,27(2): 93–115.

［121］Anselin L.The Moran Scatterplot as an ESDA Tool to Assess Local Instability in Spatial Association, In Fischer M, Scholten H J, Unwin D. Spatial Analytical Perspectives on GIS ［J］. London, UK, Taylor and Francis, 1996.

［122］Anselin L, Syabri I, Smirnov O, Ren Y. Visualizing Multivariate Spatial Correlation with Dynamically Linked Windows ［J］. Computing Science and Statistics, 2002, (33): 1–17.

［123］Bloom D E, Williamson J G. Demographic Transitions and Economic Miracles in Emerging Asia ［J］. World Bank Economic Review, 1998, 12(3): 419–455.

［124］Bloom D E, Canning D, Graham B. Longevity and Life—cycle Savings ［J］. Scandinavian Journal of Economics, 2003, 105(3): 319–338.

［125］Bloom D E, Canning D, Fink Q, Finlay J E. Fertility, Female Labor Force Participation, and the Demographic Dividend ［J］. Journal of Economic Growth, 2009, 14(2): 79–101.

［126］Becker G, Lewis H G. On the Interaction between the Quantity and Quality of Children ［J］. Journal of Political Economy, 1973, 81(2): 279–288.

［127］Becker G, Tomes N. Child Endowments and the Quantity and Quality of Children ［J］. Journal of Political Economy, 1976, 84(4): 143–162.

［128］Bodman P, Le T. Assessing the Roles That Absorptive Capacity and Economic Distance Play in the Foreign Direct Investment–Productivity Growth Nexus [J]. Applied Economics, 2013, 45(8): 1027–1039.

[129] Beine M, Fréderic D, Hillel R. Brain Drain and Human Capital Formation in Developing Countries: Winners and Losers [J]. The Economic Journal, 2008, 118(528): 631–652.

[130] Bai C E, Hong M, Pan W Q. Spatial Spillover and Regional Economic Growth in China [J]. China Economic Review, 2012, 23(4): 982–990.

[131] Barro R J, Lee J W. International Comparisons of Education Attainment [J]. Journal of Monetary Economics, 1993, 32(3): 363–394.

[132] Bhagwati J N. Taxing the Brain Drain [J]. Challenge, 1976, 19(3): 34–38.

[133] Chandrasekhar C P, Ghosh J, Roychowdhury A. The Demographic Dividend and Young India's Economic Future [J]. Economic and Political Weekly, 2006, 41(49): 5055–5064.

[134] Choudhry M T, Elhorst J P. Demographic Transition and Economic Growth in China, India and Pakistan [J]. Economic Systems, 2010, 34(3): 218–236.

[135] Cadil J, Petkovova L, Blatna D. Human Capital, Economic Structure and Growth [J]. Procedia Economics and Finance, 2014, (12): 85–92.

[136] Csaba C, Badulescu A. Education and Human Capital as Engines for Economic Growth: A Literature Review [J]. Annals of University of Oradea Economic Sciences, 2015, 24(2): 665–673.

［137］Cantwell J, Piscitello L. Recent Location of Foreign-owned Research and Development Activities by Large Multinational Corporations in the European Regions: The Role of Spillovers and Externalities ［J］. Regional Studies, 2005, 39(1): 1-16.

［138］Feyrer J. Demographics and Productivity ［J］. The Review of Economics and Statistics, 2007, 89(1): 100-109.

［139］Fehr H, Jokisch S, Kotlikoff L. The Developed World's Demographic Transition—The Roles of Capital Flows, Immigration, and Policy ［J］. NBER Working Paper No. w10096, 2003.

［140］Freyer J. Demographics and Productivity ［J］. The Review of Economics and Statistics, 2007, 89(1): 100-109.

［141］Fougere M, Merette M. Population Ageing and Economic Growth in Seven OECD Countries ［J］. Economic Modelling, 1999, 16(3): 411-427.

［142］Fougere M, Harvey S, Mercenier J, Merette M. Population Ageing, Time Allocation and Human Capital: A General Equilibrium Analysis for Canada ［J］. Economic Modeling, 2009, 26(1):30-39.

［143］Fujita M, Krugman P, Venables A J. The Spatial Economy: Cities, Regions and International Trade ［M］. MIT Press, 1999.

［144］Fischer M M. A Spatially Augmented Mankiw-Romer-Weil Model: Theory and Evidence ［J］. Annals of Regional Science, 2011, 47(2): 419-436.

［145］Friedman J, William A. Regional Development and Planning: A Reader ［M］. Boston, Massachusetts: M. I. T. Press, 1964.

[146] Galor O, Weil D N. Population, Technology and Growth: From Malthusian Stagnation to the Demographic Transition and Beyond [J] . The American Economic Review, 2000, 90(4): 806–828.

[147] Gordo R L, Skirbekk V. Skill Demand and the Comparative Advantage of Age: Jobs Tasks and Earnings from the 1980s to the 2000s in Germany [J] . Labour Economics, 2013, (22): 61–69.

[148] Gaag N V D, Beer J D. From Demographic Dividend to Demographic Burden: the Impact of Population Ageing on Economic Growth in Europe [J] . Tijdschrift voor Economische en Sociale Geografie, 2015, 106(1): 94–109.

[149] Joshi S, Schultz T P. Family Planning as Investment in Development: Evaluation of a Program's Consequences in Matlab, Bangladesh, Yale University Economic Growth Center Discussion Paper No. 951, 2007.

[150] Jaffe A B, Trajtenberg M, Henderson R. Geographic Localization of Knowledge Spillovers as Evidenced by Patent Citations [J] . Quarterly Journal of Economics, 1993, 108(3): 577–598.

[151] Kangasharju A, Pekkala S. The Effect of Aggregate Fluctuations on Regional Economic Disparities in Finland [J] . ERSA Conference Papers, European Regional Science Association, 2000.

[152] Krugman P. Increasing Returns and Economic Geography [J] . The Journal of Political Economy, 1991, 99(3): 483–499.

[153] Lee R, Mason A. What Is the Demographic Dividend? [J] . Finance and Development, 2006, 43(3): 1–9.

[154] Lee R, Mason A. Fertility, Human Capital and Economic

Growth Over the Demographic Transition [J] . European Journal of Population, 2010, 26(2): 159–182.

[155] Lucas R E. On the Mechanics of Economic Development [J] . Journal of Monetary Economics, 1988, 22(1): 3–42.

[156] Lindh T, Malmberg B. Age Structure Effects and Growth in the OECD, 1950–1990 [J] . 1999, 12(3): 431–449.

[157] Lopez B E, Vaya E, Artis M. Regional Externalities and Growth: Evidence From European Regions [J] . Journal of Regional Science, 2004, 44(1): 43–73.

[158] LeSage P, Pace R. Introduction to Spatial Econometrics [M] . Florida: CRC Press, 2009.

[159] Myrdal K G. Economic Theory and Underdeveloped Regions [M] . London: Gerald Duckworth, 1957.

[160] Myrdal K G. Twenty Years of the United Nations Economic Commission for Europe [J] . International Organization, 1968, 22(3): 617–628.

[161] Mason A. Demographic Transition and Demographic Dividends in Developed and Developing Countries [J] . Bush, 2005, 31(1): 81–101.

[162] Mason A, Lee R. Reform and Support Systems for Elderly in Developing Countries: Capturing the Second Demographic Dividen [R] . International Seminar on the Demographic Window and Health Aging: Socioeconomic Challenges and Opportunities, 2004.

[163] Mestieri M, Schauer J, Townsend R M. Human Capital Acquisition and Occupational Choice: Implications for Economic

Development〔J〕. Review of Economic Dynamics, 2017, (25): 151–186.

〔164〕Moreno R, Paci R, Usai S. Spatial Spillovers and Innovation Activity in European Regions〔J〕. Environment and Planning, 2005, 37(10): 1793–1812.

〔165〕Modigliani F, Cao S L. The Chinese Saving Puzzle and the Life–Cycle Hypothesis〔J〕. Journal of Economic Literature, 2004, 42(1): 145–170.

〔166〕Mincer J. Schooling, Experience and Earnings〔M〕. New York: Columbia University Press, 1974.

〔167〕Nelson R, Phelps. Investment in Humans and Economic and Growth: A Cross–country Panel Data Study〔J〕. Singapore Economic Review, 1996, 60(4): 1–19.

〔168〕Ogawa N, Chen Q L. End of the First Demographic Dividend and Possible Labor Market Response in China and Other Asian Countries 〔J〕. China & World Economy, 2013, 21(2): 78–96.

〔169〕Pecchenino R A, Pollard P S. Dependent Children and Aged Parents: Funding Education and Social Security in an Aging Economy〔J〕. Journal of Macroeconomics, 1995, 24(2): 145–169.

〔170〕Poterba J M. Demographic Structure and the Political Economy of Public Education〔J〕. Journal of Policy Analysis and Management, 1997, 16(1): 48–66.

〔171〕Prebisch R. The Economic Development of Latin America and its Principal Problems〔J〕. Economic Bulletin for Latin America, 1962, 7(1): 1–22.

[172] Puga D. The Rise and Fall of Regional Inequalities [J] . European Economic Review, 1998, 43(2): 303–334.

[173] Pfaffermayr M, Huber P, Wolfmayr Y. Market Potential and Border Effects in Europe [J] . WIFO Working Paper, 2004, No. 235.

[174] Qadri F S, Waheed A. Human Capital and Economic Growth: Cross–Country Evidence from Low–, Middle– and High–Income Countries [J] . Progress in Development Studies, 2013, 13(2): 89–104.

[175] Romer P M. Endogenous Technological Change [J] . Journal of Politics. 1990, 98(5): 71–102.

[176] Rosenthal S S, Strange W C. The Attenuation of Human Capital Externalities [J] . Journal of Urban Economics, 2008, 64(2): 373–389.

[177] Simon C J. Human Capital and Metropolitan Employment Growth [J] . Journal or Urban Economics, 1988, 43(2): 223–243.

[178] Matteo C, Sunde U. Life Expectancy and Economic Growth: the Role of the Demographic Transition [J] . Journal of Economic Growth, 2011, 16(2): 99–133.

[179] Rosenthal W C, Strange S S. The Attenuation of Human Capital Spillovers [J] . Journal of Urban Economics, 2008, 64(2): 373–389.

[180] Stark O, Christian H, Alexia P. Human Capital Depletion, Human Capital Formation and Migration: A Blessing or a "Curse" ? [J] . Economics Letters, 1998, 60(2): 363–367.

[181] Teixerira A A C, Queiros A S S. Economic Growth, Human Capital and Structural Change: A Dynamic Panel Data Analysis [J] . Research Policy, 2016, 45(8): 1636–1648.

［182］Thomas V, Yan Wang, Xibo Fan. Measuring Education Inequality: Gini Coefficients of Education ［J］. Policy Research Working Paper, No.2525, 2001.

［183］Van de K, Dirk J. Europe's Second Demographic Transition［J］. Population Bulletin, 1987, 42(1): 1–59.

［184］Venables A J. Equilibrium Locations of Vertically Linked Industries ［J］. International Economic Review, 1996, 37(2): 341–359.

［185］World Bank. Leveraging Demographic Differences Across Countries: A World Bank Report ［J］. Population & Development Review, 2016, 42(1): 155–161.

［186］Wang F, Mason A. The Demographic Factor in Chinese Transition ［Z］. Chinese Economic Transition: Origins, Mechanism and Consequences, 2004.

［187］Zhang H,Zhang H,Zhang J. Demographic Age Structure and Economic Development: Evidence from Chinese Provinces ［J］. Journal of Comparative Economics, 2015, 43(1): 170–185.

后　记

　　感谢对我论文研究方向提出指导性意见的两位老师：我的硕士和博士生导师。感谢唐老师悉心指导我的研究过程，其渊博的专业知识、真诚和蔼的待人态度、严谨的治学态度和敬业精神为我树立了一个优秀科研工作者的典范，他孜孜以求的工作作风和大胆创新的进取精神对我整个学术研究过程产生了深刻的启迪。本书的写作过程得到多方面的帮助，特别感谢西南民族大学廖桂蓉老师六年来的关怀，热情地为我提供宝贵的空间计量文献资料，并在我的写作过程中对论文思路给予指点，为我的论文带来很大提升。最后，向一直以来陪伴我的父母、老师、同学以及朋友们致以最真诚的感谢！

盛　伟

2023 年 12 月

责任编辑：高晓璐

图书在版编目（CIP）数据

空间视域下中国人力资本红利及溢出效应 / 盛伟 著 . —北京：人民出版社，
　2024.6

ISBN 978-7-01-026581-0

I. ①空… 　II. ①盛… 　III. ①人力资本—研究—中国 　IV. ① F249.21

中国国家版本馆 CIP 数据核字（2024）第 101753 号

空间视域下中国人力资本红利及溢出效应

KONGJIAN SHIYU XIA ZHONGGUO RENLI ZIBEN HONGLI JI YICHU XIAOYING

盛伟 著

人 民 出 版 社 出版发行

（100706　北京市东城区隆福寺街 99 号）

北京九州迅驰传媒文化有限公司印刷　新华书店经销

2024 年 6 月第 1 版　2024 年 6 月北京第 1 次印刷

开本：710 毫米 ×1000 毫米 1/16　印张：12.75

字数：196 千字

ISBN 978-7-01-026581-0　定价：49.00 元

邮购地址 100706　北京市东城区隆福寺街 99 号

人民东方图书销售中心　电话（010）65250042　65289539